C.H.BECK WISSEN

Die *Aeneis* des Vergil – das meistgelesene und am stärksten literarisch rezipierte Werk der Antike – darf zweifellos beanspruchen, zum Kanon der Weltliteratur zu gehören. In dem vorliegenden Band wird die Beziehung dieses Epos zum trojanischen Sagenkreis erhellt, erfolgt eine Einordnung in die antiken literarischen Traditionen und wird seine Stellung in der Vergilischen Dichtung bestimmt. Dem Gang der dramatischen Handlung, dem mythischen Personal und insbesondere den Abenteuern, Prüfungen und Tugenderweisen des Helden Aeneas sind die weiteren Kapitel gewidmet. Schließlich wird deutlich, weshalb dieses rund 10 000 Verse umfassende Meisterwerk eine Sonderstellung im Zeitalter des Augustus und den Rang eines «römischen Nationalepos» erlangen konnte.

Markus Janka lehrt als Professor für Klassische Philologie/Fachdidaktik der Alten Sprachen an der Ludwig-Maximilians-Universität München. Schwerpunkte seiner wissenschaftlichen Arbeit bilden die Themen antikes Drama, Ovid, Mythologie, Rhetorik und Erotik der Antike, Wirkungsgeschichte der antiken Literaturen sowie die Didaktik der Klassischen Sprachen und Literaturen.

Markus Janka

VERGILS AENEIS

Dichter, Werk und Wirkung

C.H.Beck

Mit zwei Schaubildern

Originalausgabe

www.chbeck.de
Satz: C.H.Beck.Media.Solutions, Nördlingen
Druck und Bindung: Druckerei C.H.Beck, Nördlingen
Reihengestaltung Umschlag: Uwe Göbel (Original 1995, mit Logo), Marion Blomeyer (Überarbeitung 2018)
Umschlagabbildung: Vergil und zwei Musen, römisches Mosaik, frühes 3. Jh., aus dem Haus des Vergil in Hadrumetum (Sousse, Tunesien), Tunis, Musée national du Bardo; © akg-images/Gilles Mermet
Printed in Germany
ISBN 978 3 406 72688 0

myclimate

klimaneutral produziert
www.chbeck.de/nachhaltig

Inhalt

1. *Arma virumque cano:* **Die *Aeneis* als neu-homerischer Gesang** 6

2. *Carmen perpetuum et deductum:* **Die *Aeneis* als hellenistisches Kunststück** 12

3. *Ille ego qui ...:* **Die *Aeneis* als Hauptwerk Vergils** 16

4. *Hic vir ... Augustus Caesar:* **Die *Aeneis* als Epos des augusteischen Prinzipats** 41

5. **Dodekalog: Zwölf Bücher – zwölf Heldengeschichten** 58

- 5.1 Der Held und seine Mission: Aeneas 58
- 5.2 Zwischen Herkunft und Zukunft: Laocoon 66
- 5.3 Auf der Suche nach neuer Zivilisation: Achaemenides 73
- 5.4 Im Bann von Amor und Fatum: Dido 83
- 5.5 Im Schutz des Väterkultes: Anchises 90
- 5.6 Prophetie und Seelenwanderung in helle Zukunft: Sibylla 95
- 5.7 Dilemma und Bewährung im gelobten Land: Latinus 100
- 5.8 Ur-Rom und palatinische Herrlichkeit: Euander . . 104
- 5.9 Kriegsgräuel und Heldentod: Nisus und Euryalus 108
- 5.10 Last der Verantwortung: Pallas 112
- 5.11 Amazonische Gegenkräfte: Camilla 117
- 5.12 Endkampf: Turnus 121

6. *Imperium sine fine?* **Vergil heute** 126

Literaturhinweise 128

1. *Arma virumque cano*: Die *Aeneis* als neu-homerischer Gesang

Waffen und dem Mann gilt mein Gesang,
der von Trojas Strand erst
in Italien als Schicksalsflüchtling erreichte Lavinums
Strände, viel über Länder getrieben und hohe See als
Spielball der Götter, denn wild und nachtragend
war Junos Grollen.
Vieles auch hat er im Krieg ertragen, als Gründer der Neustadt
trug er die Götter nach Latium, daher das Volk der Latiner,
Albas Urväter und die Grundmauern römischer Größe.
Muse, mir sollst du begründen, durch welche Hoheitsverletzung,
welchen Schmerz die Götterherrin so großes Verhängnis
einem Muster an Bravheit, so große Bewährung in Mühsal
auferlegt hat. Tobt so in Herzen der Götter das Grollen?*

Anfang und Titelwörter sind Schlüssel zum Gesamtverständnis eines antiken Epos. Bereits mit den ersten vier Wörtern der *Aeneis* stellt Vergil sein Opus in die homerische Tradition. Waffen (*arma*) stehen für Krieg, Streit, Kampf und Heldenepos nach dem Vorbild der *Ilias*, die mit der Anrufung von Achills «Zorn» (*mēnis*) anhob. Der unmittelbar angefügte «Mann» (*virum*) greift auf das erste Wort der *Odyssee* zurück, deren Dichter seine Muse mit *andra* um ein Gedicht über den Tausendsassa Odysseus ersucht hatte. Das dritte Wort (*cano*) profiliert den Dichter als selbstbewussten und modernen Sänger, der den homerischen Musenanruf aus der Eröffnungszeile in den achten Vers verschoben und ihm somit eine sekundäre, dienende Funktion als eine Art Hommage an die Gattungstradition zugewiesen hat. Schon bevor er mit dem im Lateinischen vierten Wort *Troiae* die thematische Anknüpfung an den epischen Kyklos mit den sich um den trojanischen Krieg rankenden Sagen enthüllt,

* Alle Übersetzungen stammen vom Autor.

stellt Vergil klar: Das vorliegende Epos ist keine lateinische Übersetzung oder Adaption der homerischen Grundtexte im Stil der *Odusia* seines Vorgängers Livius Andronicus (um 240 v. Chr.), sondern vielmehr ein hyper- oder transhomerisches Projekt: Es umgreift *Ilias* und *Odyssee* in einem zeitgemäßen Gesang ganz eigener Wertigkeit. Der im Relativsatz prädizierte Held, dessen Name – wie in der *Odyssee* – zunächst ungenannt bleibt, ist demgemäß sowohl ein Mann, der auf Irrfahrten zur See dem Zorn der höchstrangigen Göttin Juno trotzt (V. 1–4), als auch ein Mann, der in heftigen Kriegen seinem Volk und dessen Göttern mit der Gründung einer Stadt eine neue Heimat in Italien erkämpft (V. 5–7). Diese historische Mission hebt Vergils epischen Helden wesentlich von seinen deutlich aufgerufenen Rollenvorbildern Achill und Odysseus ab, rückt ihn in die Nähe des legendären Stadtgründers Romulus und erhebt ihn zur Chiffre guter römischer Herrscher. Dieser Eindruck verstärkt sich, sobald Vergil nach seiner Anfrage an die Muse nach dem Grund für das katastrophal gestörte Einvernehmen mit der Göttermutter antithetisch die Haupteigenschaft seines Helden benennt: Achills Gewaltheftigkeit und Odysseus' Wendigkeit, die ihre Träger als ambivalente Charaktere kennzeichnen, stellt er die mustergültige *pietas* seines Helden entgegen, dem er dadurch eine eher eindimensionale oder «flache» Prägung zuzuschreiben scheint. Doch davon sollte sich ein Leser oder Übersetzer nicht täuschen lassen. Dieser für die römische Kultur grundlegende Wertbegriff schillert in Vieldeutigkeit: Jede Festlegung in einer vereindeutigenden deutschen Übersetzung bleibt unbefriedigend. Meinen – nur auf den ersten Blick verniedlichend erscheinenden – Versuch, mit der Arbeitsübersetzung «Bravheit» eine Wiedergabe zu finden, die auf jeden Beleg von *pietas*/*pius* in der *Aeneis* anwendbar ist, mag man daher ruhig kritisieren. Er deckt immerhin die wesentlichen Konnotationen der verantwortungsbewussten Einstellung und des pflichtgetreuen Verhaltens gegenüber gemeinschaftsbezogenen Autoritäten aus den Bereichen Religion, Familie und Staat ab. «Frömmigkeit» oder «fromm» oder auch «treu» und «redlich» greifen demgegenüber viel zu kurz, während «pflichtbewusst» o. ä. hinter *pius* an poetischer Kraft und Flexibilität zurückbleibt. Das in seiner Idealität herausfordernde Charakterbild eines in dieser Hinsicht tadellosen Helden der Verantwortlichkeit lässt sich als vergilisches Manifest der Überwindung archaischer Selbstherrlichkeit lesen. Diese überträgt er bezeichnenderweise aus der Sphäre der Heroen in diejenige der anthropomorphen Götterpersonen. Achills Zorn und Streit aus dem Prooemium der *Ilias* wird gesteigert zum wilden, verhängnisvollen und nachtragenden Groll der Juno (V. 4 und V. 9–11). Die hyperhomerische Volte liegt nun darin, dass Vergils Juno in ihrer antagonistischen Funktion Achills Zorn auf Agamemnon aus der *Ilias* mit Poseidons unheilvollem Hass auf Odysseus aus der *Odyssee* verbindet. So erscheint das Motiv des göttlichen Gegenspielers des Hauptheldeen in der *Aeneis* potenziert. Zugleich steht mehr auf dem Spiel: Odysseus verliert auf seinem *Nostos* (Heimfahrt) sämtliche Kameraden und kehrt als Einzelkämpfer in die ersehnte Heimat zurück, wo er seine soziale Führungsposition in harten und quasi-epischen Kämpfen neu erringen muss. Vergils *vir* bleibt dagegen als Held der Gemeinschaft auf seiner Neugründungsmission an sein *genus* gebunden, aus dem ja teleologisch das erst zu einigende Volk der Latiner hervorgehen soll (V. 6).

Aus der Vielzahl möglicher homerkomparatistischer Makroskopien sei hier die prominenteste als Leitfaden für die Lektüre erprobt: Die epische Narration der Heldenhandlung setzt im Umfeld der vorletzten Station des Irrfahrers vor seiner Ankunft in der ihm vorherbestimmten Heimat an. Nach der Abfahrt aus Sizilien Richtung Italien werden die Aeneaden durch den von der hasserfüllten Juno erregten Seesturm nach Karthago in Nordafrika verschlagen (*Aen.* 1,34–222). Über diese Unbill beklagt sich Aeneas' schützende Mutter und Fürsprecherin Venus bitterlich beim Göttervater Zeus, der die künftige Größe von Aeneas' Nachkommenschaft als unabänderliches Weltgeschick prophezeit (*Aen.* 1,223–304). Vergil schichtet damit die Handlungsabfolge zu Beginn der *Odyssee* um: Dort ist die Götterszene mit der subjektiv gefärbten Klage der Athene über das jammervolle Geschick ihres auf Kalypsos «Gefängnisinsel» festsitzenden Schützlings Odysseus noch *vor* die Exposition der

Heldennot durch den epischen Erzähler gerückt. Diese gestaltet er zweisträngig, indem die Telemachie oder Ithaka-Handlung die mehr und mehr akute Gefährdung seines durch Athene zum aktiven Jungherrscher erweckten Sohnes Telemachos durch die skrupellosen Brautwerber um seine Mutter Penelope vorführt (Hom. *Od.*, Buch 1–4). Erst im fünften Gesang richtet sich der Erzählerblick auf den bei Kalypso an Heimweh und Entrückungsüberdruss leidenden Odysseus. Dieses Changieren zwischen realistischem (Ithaka) und phantastischem Raum (Ogygia) meidet Vergils moderneres Narrativ. Dieses mythisiert Roms historische Gegenspielerin Karthago in Gestalt von Didos neugegründeter Stadt zwar als Stätte der vorrömischen Zeit und überblendet diese mit Ogygia ebenso wie mit Kirkes Insel Aia als Ort der zeitweiligen Entrückung des Helden, belässt die Stadt aber im realistischen Raum. Als Ort der Rettung des Helden aus Seenot, als Schauplatz seiner umfangreichen Abenteuererzählungen und als Schwellengebiet mit Scharnierfunktion zum anvisierten Reiseziel dient im sechsten bis zwölften/dreizehnten Gesang der *Odyssee* das Phäakenland mit König Alkinoos und seiner Tochter Nausikaa. In der *Aeneis* übernimmt Didos Karthago als Ort der Gastfreundschaft, Aufgeschlossenheit und als sympathetischer Rahmen für Aeneas' Erlebniserzählungen vom Untergang Trojas (*Aen.* 2) und seinen bisherigen Irrfahrten (*Aen.* 3) eben diese Funktion von Scheria. Didos unbändige und selbstzerstörerische Liebe zum kongenialen Aeneas, die göttliches Eingreifen zu einem gnadenlosen Ende mit desaströsen Folgen für die Königin bringt, lässt sich als tragische Übersteigerung der im fünften Gesang der *Odyssee* göttlich-leichtlebigen Liebes-, Zerrüttungs- und Trennungsaffäre um Kalypso und Odysseus lesen. Vergils Schwellenzone Sizilien steuert Aeneas ebenso zweimal an wie Odysseus Kirkes Insel Aia, ebenfalls sowohl Übergangsort als auch Ausgangspunkt für die Unterweltsreise. In der *Aeneis* gewinnt Sizilien als Schauplatz zunächst heiterer, dann durch den Brand der Schiffe überschatteter Spiele zudem eine phäakische Qualität. Diese erweitert Vergil, indem er im Sinn der imperialien Teleologie seines Epos (S. 41–58) Aeneas auf Sizilien für die Alten und

Reiseunwilligen die Stadt Acesta gründen lässt, der er somit trojanische Abkunft und dauerhafte Verbundenheit mit Rom zuschreibt. Kurz vor der Werkmitte wagen sowohl Odysseus als auch Aeneas ihr letztes Abenteuer, indem sie auf Geheiß der Kirke resp. des Anchises im Totenreich einen Kundschafter (Teiresias resp. wiederum Anchises) aufsuchen. Im Fall der Unterweltserzählung (*Katabasis*) von *Od.* 11 und *Aen.* 6 fallen makrostrukturelle und motivisch-szenische Analogie weitgehend zusammen. Die Ankunft des Helden am – erst mit göttlicher Hilfe als solches erkannten – Reiseziel setzt *Od.* 13 und *Aen.* 7 in enge Beziehungen. In der zweiten Werkhälfte der *Aeneis* kann man strukturell eine transformierende Verschmelzung der Heimkehr-Handlung der *Odyssee* (Gesänge 13–24) mit der Gesamthandlung der *Ilias* erkennen: Aus der Geschichtenfülle des zehnjährigen Krieges und der – im Fall des Odysseus – ebenfalls zehnjährigen Kriegsheimkehrerschicksale greift der Erzähler der *Ilias* nur eine eher episodische Ereigniskette aus der Schlussphase des bronzezeitlichen ‹Weltkrieges› heraus: den folgenschweren Rangstreit zwischen dem Oberkommandierenden Agamemnon und seinem besten Kämpfer Achill, der die Elitetruppe der Myrmidonen (2500 Mann) anführt, in der Endphase des Krieges. Der sich am Ringen um die im Besitz eines Beutemädchens liegende Kriegerehre (*géras*) entzündende Männerstreit bringt als Motor eine epische Handlung in Gang, die vom Chryses/Apollo-Vorspiel im ersten Gesang bis zu Hektors Bestattung im 24. Gesang ganze 51 Tage aus der erzählten Zeit umspannt. Von diesem Ausschnitt aus dem Großgemälde sind allerdings dann nur vier «Kampftage» in voller epischer Breite ausgestaltet. Der Dichter vermag es, in dieser bedeutungsvollen Verknappung das große Ganze des wahrlich sagenhaften Krieges um Troja zu spiegeln und in dieses Tableau einzubeschreiben. Diese Erzählstruktur überträgt Vergil nun in flexibler, aber gleichwohl stets greifbarer Rückbezüglichkeit vom trojanischen auf den latinischen Krieg. Dessen deutlich kürzere Dauer mit nur drei Hauptkampftagen in Anwesenheit des Aeneas passt bestens mit der Erzählökonomie der *Ilias* zusammen. Die zu gefährlichster Bedrohung der eigenen Truppen führende Entfernung des besten

Kämpfers aus den Reihen der Achaier resp. Aeneaden wird im Fall des Aeneas mit der Gewinnung von italischen Bündnispartnern und dem Empfang von Wunderwaffen aus göttlicher Werkstatt gerechtfertigt (*Aen.* 8 und 9): Diese gemeinwohlorientierte Uminterpretation des archaischen, für das Gemeinwohl unempfänglichen Heldengrolls des Achill gibt die Tonlage für Vergils anfängliche und beispielhafte Gestaltung der Kriegsheldenfigur seines Aeneas vor. Dieser erscheint zudem aus der Perspektive seiner böswilligen latinischen Widersacher im Zerrbild eines neuen «phrygischen Weichlings» (vgl. Turnus in *Aeneis* 12,99–100) und Frauenräubers Paris. Die Rolle des für den Haupthelden in die Bresche springenden prominentesten Ersatzkämpfers Patroklos aus der *Ilias*, dessen Tötung durch den gegnerischen Vorkämpfer Hektor dann zum Katalysator des Rachezorns des Haupthelden wird, hat Vergil mit Pallas, dem jugendlichen Sohn des in Pallanteum, also auf dem Palatin, herrschenden Arkaders Euander, besetzt. Dessen Tötung durch Turnus löst beim pflichtbewussten Aeneas zweimal jeweils punktuellen, aber umso heftigeren Rachezorn aus. Diesen setzt Vergil als Rückfall in archaische Exorbitanz und befremdliche Neuauflage von Achills erbarmungslosem Wüten gegen Hektor im Schlussteil der *Ilias* in Szene.

Mit vielfältigen, kunstreich ausgemalten Gleichnissen verleiht Vergil als epischer Erzähler insbesondere den Kampfhandlungen iliadisches Kolorit. Sein Neuarrangement der Gleichnisse soll sich anhand der Erschließung der Einzelbücher in Kap. 5 nachvollziehen lassen. Daher sind in die Analysen möglichst viele Gleichnisse einbezogen. Denn mit Blick auf den inneren Zusammenhalt von Vergils Gesamtwerk (vgl. Kap. 3) blenden die Gleichnisse die natürliche und kulturelle Welt der früheren Werke ein. Sie lassen diese mithin in homerischer Stilisierung in den Rahmen der größeren Gattungsform aufrücken.

Für die durchweg kreativen Verfahren, mit denen Vergil also die griechischen Urepen durchklingen lässt und intensive Dialoge mit Figuren, Strukturen und Darstellungsweisen aufnimmt, greifen die herkömmlichen philologischen Kategorien *imitatio* (Nachahmung) und *aemulatio* (Wettstreit) zwar Wichtiges auf.

Sie reichen indes nicht weit genug, wenn man den alles beherrschenden Zug der *innovatio* (Erneuerung) der griechisch-epischen Tradition unterschätzt. Dieser wird in den Interpretationen des Kap. 5 anhand der in zahlreichen Einzelfällen zu erhellenden Techniken der Überblendung, Umgruppierung, Hybridisierung, Präfiguration, Retrospektive und Umperspektivierung zutage treten.

2. *Carmen perpetuum et deductum*: Die *Aeneis* als hellenistisches Kunststück

> Mit dir beginnend, Phoibos, will Urzeitenruhm von Helden
> *ich* in Erinnerung rufen… (Apoll. Rhod. *Arg.* 1,1–2a)

Mit den hier in Übersetzung zitierten Worten beginnt die berühmteste epische Dichtung der hellenistischen Zeit, ja das einzige griechische Epos, das zwischen dem archaischen Homer und dem spätantiken Quintus aus Smyrna (4. Jahrhundert n. Chr.) vollständig erhalten ist. Es stammt von dem hochgelehrten Dichter, Erzieher eines ptolemäischen Prinzen und alexandrinischen Bibliotheksleiter Apollonios von Rhodos (um 300 bis 240 v. Chr.). Er lässt sein *Argonautenepos* mit einer Markierung des Anfangs und einer Berufung auf den Dichter- und Orakelgott Phoibos Apollon anheben. Die Musen kommen erst nach einem Einschub über das an Jasons Onkel Pelias ergangene Orakel ins Spiel (Apoll. Rhod. *Arg.* 1,21–23):

> Nun aber möchte *ich* Abkunft und Namen erzählen
> heldischer Männer, die weiten Wege zur See, ihre Taten
> auf der Irrfahrt. Die Musen mögen begleiten mein Singen.

Die strukturelle Parallele zum Prooemium (Vorspruch) der *Aeneis* mit ihrem bis zum achten Vers aufgeschobenen Musenanruf führt uns auf die Spur zu den alexandrinischen Charakterzügen des Epikers Vergil: Als Dichter voller Gelehrsamkeit (*poeta doctissimus*) modernisiert dieser die homerische Tradition unter den Vorzeichen der herrscherhofbezogenen Intellektuellendichtung des Hellenismus. Vergil verknappt die weit ausholende Anfangsfloskel des Apollonios (*archomenos ... mnēsomai*, V. 1–2) zwar zu einem lapidaren *cano* (ich singe), behält aber die selbstreflexive Dimension bei. Apollonios' Futur *mnēsomai* wandelt er dann unter Wechsel der Perspektive in einen an die Muse gerichteten Imperativ um: *mihi causas memora* (*Aen.* 1,8 rufe mir die Gründe in Erinnerung). Hierin liegt eine Zuspitzung der von Apollonios in V. 23 vorsichtiger geäußerten Beistandsbitte an die Musen, die er mit einem gesuchten Nominalkompositum als *hypophētores* (eigentlich «Berater, Erklärer») herbeizitiert. Durch das Einweben des hellenistischen Vorbildes in das homerisch geprägte Prooemium unterstreicht Vergil sein Programm einer Umprägung der gesamten Tradition. Diese Poetologie, die man als geistreiches Spiel (*lusus*) im Sinn von Ovid deuten kann, bekräftigt Vergil auch strukturell: Wie Apollonios leitet er die zweite Hälfte der *Aeneis* mit einem Binnenprooemium ein, in dem er wie sein Vorläufer die Muse Erato um Beistand bittet (Apoll. Rhod. *Arg.* 3,1–5):

Auf jetzt, Erato, leiste mir Beistand, erzähle mir weiter
von da ab, als nach Jolkos verbrachte das Vlies der Iason
dank Medeias Verliebtheit, du hast ja an Kypris' Treiben
Anteil, auf Ungebundene nimmst du betörend Einfluss,
auf junge Frauen, daher klingt auch nach Eros dein Name.

Die typisch alexandrische, gelehrte Anspielung auf die etymologische Verbindung zwischen dem Musennamen Erato (V. 1) und Eros (V. 5) gewinnt mit Blick auf Medeias leidenschaftliche Liebe zu Jason als Zentralthema des dritten Buches der *Argonautika* tieferen Sinn. Dagegen scheint die Anrufung eben dieser Muse zum Auftakt der durch «grausige Kriege» (*horrida bella*, *Aen.* 7,41) geprägten zweiten Werkhälfte der *Aeneis* eher als Hommage an Apollonios am Platz denn aus inhaltlichen Gesichtspunkten (*Aen.* 7,37–41):

Los nun, wer da herrschte, Erato, die Zeiten prägte,
wie es in Latium vor alters aussah, als diese Fremdlings-
streitmacht mit ihrer Flotte Ausoniens Küste erreichte,

das werde ich erzählen, den Urgrund enthüllen des Kampfes.
Du hilf dem Dichter, du Göttin. Ich künde
von grausigen Kriegen ...

Eine Parallellektüre beider Binnenprooemien und ein Vergleich mit den jeweiligen Anfangsprooemien fördert jedoch noch weitere Botschaften des Dichters an seine Leser zutage: Die Ankunft des auf Beute ausziehenden Fremdlings Jason im unwirtlichen Kolchis ist mit der Ankunft des auf Niederlassung sinnenden Aeneas im widerstrebenden und kriegerischen Latium parallelisiert. Durch die Erato/Eros-Assonanz lässt Vergil bereits den Kampf um eine Braut (Lavinia) anklingen, den Aeneas («Paris») gegen Turnus («Menelaos») ausfechten wird. Die landeskundliche und ursprungsanalytische, also aitiologische Dimension, die Vergils Binnenprooemium prägt, greift auf das Anfangsprooemium der *Argonautika* zurück. Die Verbindung von Ursprungs- und Zielorten resp. -objekten durch die jeweils verdichtete Linienführung der epischen Narration verbindet alle vier hier verglichenen Texte. Apollonios' Binnenprooem und Vergils Anfangsprooem gleichen sich darin, dass die handlungslenkende Gewalt beide Male in einem übermächtigen göttlichen oder von einem Gott ausgelösten Affekt erkannt wird. Junos für den Helden zerstörerischer Groll kehrt so betrachtet den für den Helden rettenden Eros der Medeia um. Mit der Anspielung auf dieses letztgenannte Motiv des Apollonios rekapituliert Vergil wiederum die Konstellation seines vierten Aeneisbuches. In diesem hatte er die von Eros/Amor in Venus' Auftrag getroffene Königin Dido als eine karthagische Rächerin nach dem Vorbild der Medeia in Szene gesetzt. Schon diese wenigen Beispiele für die über Kreuz angeordnete oder über Banden spielende Intertextualität mögen den hohen Grad der allusiven Kompetenz des Dichters verdeutlichen, der eine solche auch bei seiner Leserschaft vorauszusetzen scheint. Die Großstruktur der *Aeneis* erweist sich in ihrer symmetrischen, doch vielfach intern verschränkten Anlage als eine komplexe Erweiterung von Apollonios' schlichtem Grundmodell: Dieser hatte in der ersten Werkhälfte die Fahrt der Argo von Jolkos nach Kolchis und in der zweiten Hälfte die abenteuerliche Rückfahrt auf teils phantastischen Routen beschrieben.

Die *Argonautika* boten Vergil also das Muster für seine durch die Heldenreise verknüpften epischen Einzelerzählungen, die doch ganz den Prinzipien der alexandrinischen Dichtung verpflichtet bleiben. Kallimachos hatte deren Streben nach kleinen, aber umso feineren, ausgefeilten, raffinierten, kunstreichen und bildungsgesättigten Büchern mit dem Feindbild des «Riesenbuches, Riesenübels» (*mega biblion, mega kakon*) auf den Punkt gebracht. Apollonios hatte dementsprechend den 48 Büchern *Ilias* und *Odyssee* mit seinen vier Büchern *Argonautika* nur ein Zwölftel entgegengesetzt und damit ein auch in der römischen Poesie greifbares Ringen nach dem Motto «Je knapper, desto besser» in Gang gebracht. Vergil schafft dabei das Virtuosenstück, mit einem Viertel der Buchzahl von *Ilias* und *Odyssee* doch beide Epen nebst weiteren Bestandteilen aus dem epischen Kyklos zu einem transhomerischen Gebilde zu verdichten. So bleibt er auch als Verfasser eines vergleichsweise großen Epos mit einer durch die Heldenreise des Flüchtlings Aeneas aus dem zerstörten Troja nach Latium zusammengehaltenen, fortlaufenden Gesamthandlung der alexandrinische *poeta doctissimus* reinsten Wassers, als der er seine Laufbahn begonnen hatte.

Die abgezirkelte, ja oftmals klassisch-symmetrische Ausgestaltung der Einzelbücher ist zu Recht ein Markenzeichen der vergilischen Formvollendung. Dies bezeugt bereits sein offizielles Opus I, das Buch der *Bucolica/Eclogen/Hirtengedichte*, die als Schulbeispiel eines absolut strukturbewussten augusteischen Gedichtbuches gelten. Es liegt also nahe, die feinkünstlerische Austarierung der Einzelbücher unter großepisch veränderten Rahmenbedingungen auch in der *Aeneis* als Leitfaden der Interpretation zugrundezulegen. Ausgehen kann man von der Beobachtung, dass Vergil mit dem vierten Buch der *Aeneis* eine in sich geschlossene Binnenkomposition der unglücklichen Liebe der Herrscherfiguren Dido und Aeneas geschaffen hat, die strukturell und inhaltlich Gestaltungsformen aus Tragödie, Elegie und Epyllion vereint. Doch stellt das Einzelbuch bei der Gesamtbetrachtung der *Aeneis* weit mehr als eine besonders eindrucksvolle und beziehungsreiche Episode dar, sondern ist leitmotivisch in vielfacher Hinsicht stark mit dem Ganzen der epischen Handlungseinheit verzahnt. Ähnliches lässt sich nun – so meine in diesem Band zu entwickelnde These – in mehr oder minder deutlicher Abstufung für sämtliche Einzelbücher der *Aeneis* zeigen. Diese wird somit als ein hellenistisches Kunststück oder Gesamtkunstwerk aus zwölf jeweils in Form von abwechslungsreichen und oft tragisch endenden Aristien gestalteten Heldengeschichten lesbar. Somit vereint bereits die *Aeneis* die von Ovid für sein Universalepos übernommenen Leitideen des «Großgedichts» (*carmen perpetuum*) und des «Kleingedichts» (*carmen deductum*).

3. *Ille ego qui …*: Die *Aeneis* als Hauptwerk Vergils

> Ich, der ich einst auf zierlich kleiner Rohrflöte spielend
> dichtete, ging heraus aus dem Wald zu verwandtem Thema,
> dass auch bei größter Gier gehorchen die Felder dem Bauern,
> nützliches Werk für den Landwirt, jetzt aber
> schrecklichen Kriegsgotts- …

Im 42. Kapitel der Lebensbeschreibung Vergils, die unter dem Namen des spätantiken Philologen und Rhetoriklehrers Aelius Donatus (4. Jahrhundert n. Chr.) überliefert ist, sind diese Verse als von Vergil verfasster Beginn der *Aeneis* zitiert. Bei der postumen Redaktion des Epos habe Vergils Freund und Nachlassverwalter Varius eben diese vier Zeilen getilgt, sodass die *Aeneis* seither mit *arma virumque cano* … anfängt. Gleichgültig, wie es um die Historizität dieser Anekdote bestellt ist, so belegt der in der Forschung als «Vorprooem» der *Aeneis* bezeichnete Text eindeutig das Bestreben, die drei unbestritten echten Werke Vergils in eine chronologische und inhaltsorientierte Reihenfolge zu bringen. Die Linie führt dabei vom «einst» des Opus I der idyllischen, klein-feinen Hirtendichtung im vermeintlich einfachen, «niedrigen» Stil (*genus tenue*) über die Zwischenstation des Lehrgedichts vom *Landbau* (*Georgica*), das den Bauern praktische Lebenshilfe gibt, Land und Landwirtschaft Italiens verherrlicht und der mittleren Stilhöhe (*genus medium*) zugeordnet wird, zum Gipfel eines Kriegs- und Heldenepos im hohen Stil (*genus grande*). Dieser Aufstieg als Ordnungsprinzip eines gewissermaßen von vornherein auf ein höchstes Ziel hinstrebenden Lebenswerks wird durch einen zweiten, noch berühmteren Text kanonisiert: Donatus zufolge wurde Vergil nach seinem Tod am 21. September 19 v. Chr. in einem Grabmal an der nach Puteoli (heute Pozzuoli) führenden Straße am Rande Neapels beigesetzt, in dessen Nähe sich noch heute die Gedenkstätte des Vergilparks am Posilipp befindet. Als Grabinschrift habe Vergil persönlich folgendes Distichon verfasst (*Vita Donati* 36):

Mantua me genuit, Calabri rapuere, tenet nunc
Parthenope, cecini pascua, rura, duces.

Mantua hat mich gezeugt, Kalabrien geraubt, mich hält jetzt
Parthenope: Ich besang: Hirten, das Land und die Macht.

Dieser Zweizeiler verdichtet Leben und Werk, indem er anhand der prägenden Orte von Vergils Geburt (Mantua), Tod (Brundisium in Calabria) und Grab (Neapel/Parthenope) sowie der Schlüsselthemen seines Dichtens ein wahrhaft kallimacheisch verknapptes, epigrammatisches Persönlichkeitsbild entwirft. Der unmittelbar nach Vergils Tod einsetzende und im ersten nachchristlichen Jahrhundert etwa durch den fanatischen Vergilverehrer und Hobbydichter Silius Italicus (um 23/35 bis 101 n. Chr.) verstärkte Gedenkkult um den Inbegriff eines augusteischen, ja römischen Dichters bezeugt, wie wirkungsgeschichtlich dominant die Ikonisierung des Autors und seiner Lebensstationen mit der Werkbiographie verschränkt wurde. Diesem knappen, aber stichhaltigen Zeugnis gegenüber darf die bereits früh und üppig sprießende sonstige biographische Überlieferung über Vergils menschlichen und dichterischen Werdegang, welche die kommentierende Exegese des bereits bald als Schulautor verbreiteten Dichters hervorgebracht hat, eher ins

Reich des Anekdotischen, ja Legendären und Autorenmythisierenden verwiesen werden. Die einprägsame Werkdreiheit (Trias) mit ihrer internen Steigerung (Klimax) *Bucolica – Georgica – Aeneis* wird als teleologische Werkbiographie zur Voraussetzung für die Kanonisierung von Autor und Lebenswerk. Dem scheint bereits der Dichter des Scherzepos *Culex* (vermutlich im 1. Jahrhundert n. Chr.) Rechnung getragen zu haben, wenn er ein Jugendwerk Vergils fingierend ausgestaltet, das in der Nussschale der als Fingerübung geltenden, scherzhaften Epyllienform bereits die drei großen Werke vorwegnimmt.

Dass man über Vergils Weg zur *Aeneis* so sinnenfroh spekulieren und ihm offenbar auch Jugendwerke nachträglich andichten konnte, hängt wohl auch mit der bezeichnenden autobiographischen Zurückhaltung eben dieses Autors zusammen. Denn Vergil tritt als Autorenpersönlichkeit im Opus selbst ganz hinter seiner Dichtung zurück. Ich-Botschaften versendet der Sprecher ausschließlich in poetologischen Zusammenhängen, also um seiner Leserschaft durch eine Standortbestimmung seiner Poesie zu einem tieferen Verständnis derselben zu verhelfen.

Das gilt besonders für chiffrierte Ich-Botschaften, für die der Dichter in seinem Opus I die ländliche Maske des heimatverbundenen Sängerhirten Tityrus aufsetzt. Dieser wird zu Beginn der ersten *Ecloge* von seiner Gegenfigur, dem enteigneten, entwurzelten und – wie im späteren Werk Aeneas – zum Aufbruch in die Fremde genötigten Meliboeus angesprochen. Schon die erste *Ecloge* liefert den Schlüssel zu Vergils Bukolik als derjenigen Gattung, mit welcher der Autor seine hellenistische Strategie der Panegyrik auf Umwegen entwickelt und erprobt, die er in der *Aeneis* zur Entfaltung bringen wird. Bereits im Eröffnungsgedicht, das er wohl nach der Schlacht von Naulochos (3.9.36 v. Chr.) verfasste, verknüpft Vergil die Lebensgeschichte seiner Hirten-*persona* Tityrus mit den Zeitläuften und der großen Politik, die Stadt und Land Italiens gleichermaßen ein neues Gepräge verleihen (*ecl.* 1,18–45): Der schon in die Jahre gekommene Tityrus (eine also etwas ältere *imago* – ‹Maske› – des historischen Autors Vergil, der damals erst 34 Jahre alt war) klärt Meliboeus über die Hintergründe seiner vom Kollegen bewunderten Sonderstellung und seiner längeren Abwesenheit von der Heimat auf: In der mit dem Blick des Fremden als unheimlich riesig empfundenen Hauptstadt Rom habe er sich persönlich freigekauft. Dies habe er sich nach dem Ende seiner kostspieligen Liaison mit Galatea endlich leisten können. In Rom sei er auch einem von ihm göttlich verehrten Jüngling begegnet. Dieser habe seiner Petition stattgegeben und ihn weiterhin das angestammte Landgut bewirtschaften lassen. Der göttlich verehrte junge Mann, der als Wohltäter der bukolischen Hirten Italiens im Zentrum des Gedichts erscheint, ist unschwer als Octavian, der nachmalige Augustus, zu dechiffrieren. Ihm werden also bereits im ersten ‹offiziellen› Opus Vergils panegyrische Ehren in hellenistisch-poetischer Einkleidung zuteil. Liest man die Passage metapoetisch, also als mehr oder minder verschlüsseltes Selbstbekenntnis des Autors zu seinem Dichten, dann gewinnt die Bukolik eine werkbiographische Aussagekraft: Der Weg des Bauerndichters in die Stadt wird als Weg vom apolitischen, durch die Affäre mit Galatea elegisch-erotisch geprägten Idyll in die Großstadt als Zentrum der großen, alles umwälzenden Politik und Wirkungsstätte der Mächtigen lesbar. Die Wohltat des göttlichen Jünglings schenkt dem Hirtensänger, der sich die persönliche Freiheit materiell errungen hatte, auch die intellektuelle und künstlerische Freiheit. Er darf den Weg zurück antreten aus der politischen Sphäre historisch-epischer Dichtung in die vertraute Umgebung des ererbten Landgutes, das die Welt des bukolischen Dichtens symbolisiert.

Gleichwohl bleibt das aus der Tityrus-Perspektive so prominent erzählte Rom-Erlebnis prägend und unvergesslich für den Sänger und Seher, in dessen Rolle Vergil seine berühmteste und wirkungsreichste *Ecloge* vorträgt: Im vierten Gedicht, an dessen Beginn die bukolischen Musen Siziliens ermuntert werden, sich zu Erhabenerem aufzuschwingen, ist das *genus grande* von hoher Politik und teleologischer Verheißung mit Händen zu greifen, welches Vergil als Tonlage seiner *Aeneis* ausersehen wird. Im Ambiente des bukolischen Buches mag es wie ein Fremdkörper wirken, wenn in einer Art Hochzeitsgedicht (*Epithalamium*) die Geburt eines gesegneten Knaben als Beginn eines neuen Goldenen Zeitalters gefeiert wird. Der hier im Rückblick, also *ex eventu* des Erscheinungsjahres 35 v. Chr., prophezeiende *vates* (Seher) weiß es genau und datiert den Beginn des neuen Weltzyklus exakt in die Zeit des Konsulats von Asinius Pollio (76 v. Chr. bis 5 n. Chr.), also auf das Jahr 40 v. Chr.; damals kam es zwischen Octavian und Antonius zum Frieden von Brundisium: Pollio werde als Wegbegleiter des Knaben wirken und die letzten Spuren der Bürgerkriegsverbrechen tilgen. Dass der Knabe göttlicher Abkunft ist, lässt sich am ehesten als Anspielung auf die julische Stamm-Mutter Venus – von der sich das Herrschergeschlecht Caesars und Augustus' herleitete – und damit ebenfalls als Vorbereitung der herrscher- und rompanegyrischen Strategie des *Aeneis*-Dichters begreifen. Der Knabe werde dereinst vergöttlicht werden und zuvor «den durch väterliche Tüchtigkeit befriedeten Erdball regieren» (*ecl.* 4,17). Letzteres spielt – natürlich allzu wohlwollend und beschönigend – auf Gaius Julius Caesar an. Diese Beobachtungen und die engen gedanklichen Verbindungen zur ersten *Ecloge* legen es nahe, dass auch in diesem vielschichtigen und dementsprechend deutungsoffenen Gedicht zumindest an dieser Stelle eine mit Bedacht orakelhaft verrätselte Bezugnahme auf Augustus vorliegt.

Das Rom-Erlebnis des Tityrus hallt also nach und scheint den Hirtensänger zu Beginn der sechsten *Ecloge* derart zermürbt zu haben, dass er am Anfang der zweiten Buchhälfte schon seinem Genre Adieu zu sagen beginnt, um sich seinerseits zu Erhabenerem aufzuschwingen. Doch dann passiert Folgendes (*ecl.* 6,1–8):

> Erst auf syrakusanisch wollte spielen mit Verskunst
> unsere Muse, nicht schämte sich für ihr Waldhaus Thalea.
> Als ich sang über Herrscherkämpfe, hat Cynthius am Ohr mich
> angezupft und ermahnt: «Für Hirten, Tityrus, ist Fett
> gut bei den Weideschafen, doch Abgespecktheit bei Liedern.»
> Jetzt will ich – denn zuhauf hast du deine Ruhmessänger,
> Varus, die für dich brennen und Trauriges dichten von Kriegen –
> mich auf dem sanften Rohr versuchen an ländlicher Muse.

Das erste Hexameterpaar blickt auf die erste Hälfte des Eklogenbuches zurück: Als Hirtendichter Tityrus bekennt Vergil, seine Muse habe sich bisher am «Spiel» mit, also am kunstsinnigen und kunstbezogenen Schmieden von «sizilischen», also theokritisch-hellenistisch ausgefeilten und formvollendeten Versen erfreut. Solche ästhetische Veredelung des Landlebens erklärt, dass die Muse keinerlei Scheu vor den stadtfernen, also «hinterwäldlerischen» Behausungen an den Tag legen musste. Unvermittelt erfolgt gleichwohl in Vers 3 (ähnlich wie im Buchganzen die Hochstimmung von *Ecloge* 4 im unmittelbaren Anschluss an den Hirtengesangswettstreit von *Ecloge* 3) der Ausbruch vom Aufenthaltsort und aus der Liedform, der hier (noch) Versuch bleiben muss: Das in Vers 3 beschriebene Aufstreben seines Gesangs zu königlichen Herrschern (in ihren Palästen) und Schlachten (auf weit entfernten Kriegsschauplätzen) scheint Tityrus wie in *ecl.* 1 physisch, so hier geistig aus seiner Heimat fortzureißen. Doch dieser Ausflug in höhere Sphären der Macht in Form eines epischen Höhenfluges endet, noch bevor er richtig beginnen konnte. Der Dichtergott Apoll, hier mit der kallimacheischen Umschreibung «Cynthius» bildungsbewusst eingeführt, bremst und züchtigt den Schützling, anstatt ihn zu Höherem zu inspirieren. Sein Rückruf, seine *revocatio* vom Epos, greift durch wörtliche Bezugnahme eine berühmte Stelle aus dem Prolog der *Aitia* (*Ursprungsgeschichten*) des hellenistischen Dichters Kallimachos (um 305–240 v. Chr.) auf, eines sprichwörtlichen Ausbundes an Buchgelehrsamkeit: Als dieser erstmals eine Schreibtafel auf seine Knie legte, wies der lykische Apoll ihn zurecht: «Ein Opfertier kannst du gern fett / füttern, die Muse, mein Freund, bleibe ganz zart und ganz schlank!» (*Aitia* Fragment 1 Pfeiffer, 21–24, hier 23–24). Die Anspielung auf den Anspielungskönig Kallimachos unterstreicht die metapoetische Botschaft: Wie Tityrus bei seinen Kleinherden bleiben und sich nicht am größeren Genre überheben soll, so möge Vergil bei der kleinen und feinen Bukolik bleiben und die Verherrlichung der Siege des Varus in einem unverblümten historischen Epos anderen überlassen. Damit wird aus der Anti-Inspiration für die verbotene Großform eine Inspirationsbekräftigung für die verdichtete Kleinkunst der Bukolik. Als hätte er auf diesen göttlichen Rüffel nur gewartet oder jedenfalls mit ihm gerechnet, kehrt Tityrus ab Vers 6 ganz willfährig zur stadt- und machtfernen Landmuse zurück, die allein ihm den «feinen, zarten» Ton der ästhetischen Perfektion entlocken kann. Die apollinische Maßregel eines *deductum carmen*, also eines filigran gleich dem Netz einer Spinne gewirkten, möglichst schnörkellosen, ebenso platzsparend oder zeilenarm wie geistreich gewobenen Gesanges, wird für Vergil aber nicht nur für die zweite Hälfte seiner *Bucolica* zum Leitstern. Schon der *Culex*-Dichter, der Vergil nach einer überzeugenden Konjektur für Vers 3 seines Epyllions die Aussage *lusimus. haec propter culicis sint carmina ducta* (Spiel war das. Daneben sei Mückes Gedicht jetzt gesponnen) zuschreibt, bestätigt folgende werkübergreifende Deutung: Vergil kürt ausdrücklich das *deductum carmen* zum Rückgrat und Gestaltungsprinzip, nicht nur der Hirtengedichte, sondern seines Gesamtwerkes. Die Parenthese in *ecl.* 6,6–7 mit der ungeschminkten *recusatio* oder Weiterverweisung einer geradewegs panegyrischen, zeitgenössischen epischen Dichtung auf die Kriegserfolge eines hohen Militärs und Politikers entfaltet eine Negativfolie. Vor dieser hebt sich die für Vergil einzig gemäße Form einer durch künstlerische Avantgarde gebrochenen und neukontextualisierten und damit stets auch wieder ambivalenten Form der Panegyrik ab. Diese wird er in seinen folgenden Werken erproben. Und für diese Haltung scheint die von Apoll sanktionierte Distanz des Tityrus von der stadtrömischen Geschäftigkeit eine Triebfeder zu sein. Vergil lässt die feine Waldmuse seiner sechsten *Ecloge* etwa die Kosmogonie (Weltentstehung) des Orpheus aus dem Argonauten-Epos des Apollonios von Rhodos (1,496–504) in den wahrlich zauberhaften Gesang seines trunkenen und in einer neckischen Szenerie gefesselten und zum Singen erpressten Silenus verpflanzen (*ecl.* 6,31–40). Der genötigte Sänger bietet sodann eine Serie von Mini-Epyllia um unerhörte Liebesgeschichten, Gestaltverwandlungen und die Reinszenierung von Hesiods Dichterweihe durch den römischen Elegiker Gallus. Diese Kleinstepen lassen sich als neoterische *ars poetica* und stofflicher wie formaler

Kernbestand der späteren *Metamorphosen* Ovids lesen. Vergil unterstreicht somit sein Programm, um mit der Crème der hellenistischen Dichter und mit Gallus gegen Varus und die zeithistorische Epik anzutreten. In enger Wechselbeziehung zu diesem poetologischen Programm steht das Prooemium der achten Ekloge (*ecl.* 8,1–13). Den apollinischen Platzverweis für die Heldendichtung aus den Wäldern, verbunden mit der Weiterverweisung an andere Dichter, mildert Vergil diesmal in eine Taktik der Vertröstung ab. In *ecl.* 8,6–13 widmet er das Gedicht einem namentlich nicht genannten, aber offensichtlich politisch hoch- oder höchstrangigen Adressaten. Allein diese Anrede deutet einen (schließlich aber aufgeschobenen) Weg hinaus aus der durch Poesie orphisch verzückten Natur (8,1–5) an: Der Adressat wird quasi-hymnisch mit einer *tu*-Prädikation und zunächst über seine (in *ecl.* 6 als wald- und bukolikwidrig verworfenen) militärischen Unternehmungen an der dalmatinischen Küste identifiziert. Ernsthaft in Frage kommen für eine zeithistorische Transparenz Asinius Pollio und Octavian. Doch der Sprecher beharrt für seine Panegyrik auf Umwegen: In anaphorische Fragen gekleidet, bekennt er seinen (scheinbar) sehnsüchtigen Wunsch, «irgendwann einmal» den militärischen *und* poetischen Ruhm des Adressaten als Dramatiker vom Rang des Sophokles (!) durch echte Heldenlieder in der ganzen Welt verbreiten zu dürfen. Doch für dieses Gedicht bleibt es – nüchtern betrachtet – bei einer Vertagung der Verherrlichung, die durchaus als höfliche Spielart der *recusatio* gelten darf. Diese versüßt der Autor mit einer Ergebenheitsgeste («Du bist mein A und O») und mit der Umwidmung des folgenden Hirtengedichtes zum erbetenen poetischen Siegeslaub (Efeu/Bukolik zu Lorbeer/Triumph) für den zu Ehrenden. Diese kühne Neudefinition des Gattungsgepräges bereitet den Boden auch für die Umweg-Panegyrik der *Aeneis*. Bleibt der hochrangige Widmungsadressat der achten *Ecloge* ungenannt, so kann es über die beherrschende Gestalt der letzten *Ecloge* Vergils nicht den geringsten Zweifel geben. Im zehnten Gedicht zieht Vergil seine sämtlichen Register, um seinem Altersgenossen, Gönner und engen Freund Cornelius Gallus (69/68–26 v. Chr.), dem in Politik und Poesie herausragenden Feldherrn, ersten Statthalter Ägyptens sowie Dichter von Epyllien und Elegien, ein literarisches Denkmal zu setzen. Dieses *monumentum aere perennius* fügt sich nicht bruchlos in den Bau der augusteischen Klassik, fiel Gallus doch wegen überbordenden Selbstlobes und lockerer Sprüche gegen den *princeps* wenige Jahre nach Veröffentlichung der *Eclogen* beim ersten Mann im Staat in Ungnade. Mit Verbannung und Vermögenskonfiskation bestraft, setzte er seinem Leben selbst ein Ende. Diese persönliche Katastrophe im Dunstkreis der Spitzenpolitik scheint Vergil in seinem Siegelgedicht am Ende seines Opus I zu antizipieren. Er versetzt sie allerdings gänzlich in den staatsmachtfernen Raum von Erotik und Poesie: In einem Quasi-Musenanruf und damit einer episierenden Anredeform wendet sich Vergil an die arkadisch-sizilische Quellnymphe Arethusa: Sie möge ihm beim unepischen Gesang über das bitterliche Liebesleid des Gallus beistehen, der auch bei dessen untreuer Geliebten Lycoris ‹ankommen› soll (1–8).

Vergil beschließt seine Eklogendichtung mit der Ergebenheit an Amor: Sein Abschied von der Bukolik ist ein Bekenntnis der Liebe zu Gallus: Die Musen mögen dem genugsam betriebenen Werk größte Bedeutung für Gallus verleihen, dem gegenüber der Sprecher eine stündlich wachsende Zuneigung empfinde (70–77). Der Aufbruch führt also keineswegs in die mehrfach ansatzweise erprobten epischen Gefilde, sondern schlicht zurück in die Hirtenbehausung, die Vergil durch die Eingemeindung von Gallus (und dessen Nachruhm) definitiv in einen elegischen Ort verwandelt hat.

Vergil lässt für die Fortsetzung seines professionellen Weges die *persona* des in seiner poetischen Welt befangenen und in sie verwobenen Tityrus hinter sich. Das Landleben als Gegenstand und Resonanzraum bleibt indes bestehen. Nur wendet sich Vergil nun einem Vorhaben zu, das er selbst als «waghalsig» einschätzt (*georg.* 1,40). Für die Wahl des griechischen Vorbildes und Leitbildes wandert er in der Tradition zurück bis zu deren legendenumrankten Anfängen im Böotien des 8. Jahrhunderts v. Chr.: Mit dem von den Musen erweckten Landpoeten Hesiod aus Askra beschwört er den Urvater des Lehrgedichts als Prototyp für seinen neuesten Gesang herauf. Die lehrhafte Epylliendichtung etwa seiner Rollenfigur Silenus aus der sechsten *Ecloge* wird für den *vates* Vergil nun zum Gattungstonfall. Dieser will über ganze vier Bücher gewahrt bleiben, die jeweils über 500 Hexameter umfassen und sich auch insoweit an das ‹aeneische› Maß von jeweils über 700 Versen hochzuarbeiten beginnen. Im zweiten Vers erfolgt die schlichte, auf die Nennung des Eigennamens beschränkte Widmung der *Georgica* an Maecenas (geboren um 74/64 v. Chr.), den sprichwörtlich gewordenen Förderer poetischer Spitzenbegabungen und Angelpunkt augusteischer Kulturpolitik, den Vergil in den *Bucolica* noch nicht erwähnte (*georg.* 1,2). Wie Ackerbau, Winzerei, Viehzucht und Imkerei gelingen, das möchte Vergil «ab hier zu singen beginnen» (*georg.* 1,5). Er fängt an mit einem vielgliedrigen Gebetsanruf (*Hymnus*) an die kosmischen und bereichsspezifischen Gottheiten, die das Gedeihen des Landbaus unterstützen sollen (*georg.* 1,5–23). Die Verbindung mit diesen übermenschlichen Mächten sucht der Sänger, weil er ihre «Gaben» zum Gegenstand seines Gesangs gewählt hat (*georg.* 1,12). Somit sind etwa Sonne und Mond, Aristaeus als Schutzgott der Haine und Minerva als «Erfinderin» des Ölbaums Begünstigte seiner indirekten panegyrischen Verherrlichung via Darstellung ihrer Werke und Gaben in einer Art ausgedehnten Aretalogie, wie man den Leistungskatalog im Gebet oder Hymnus bezeichnet. An die «Götter und Göttinnen alle, die eifrig die Landschaft beschirmen» (*georg.* 1,21), schließt Vergil als eine Appendix, die es in sich hat, die hymnische Beistandsbitte an den jungen Caesar, also Octavian, an. Dieser hatte kurz vor Erscheinen des Werkes im Jahr 29 v. Chr. den Machtkampf gegen Antonius für sich entschieden. Der göttliche Jüngling der ersten *Ecloge* kehrt mit einer zwar ins Kosmische überhöhten, aber im Detail des Wirkungsbereiches noch unbestimmten Göttlichkeit zu Beginn von Vergils Opus II wieder. Doch sei er nun Herr der Stadt (Rom) oder der Welt, der Fruchtbarkeit, des Wetters, der Gott der Ozeane oder das kommende Gestirn: In welcher herrscherlichen Gestalt auch immer – nur nicht als Gott der Unterwelt, wohin ihn die Herrschsucht bitte nicht verschlagen möge –, er erhöre die Bitte und helfe dem Dichter bei seinem kühnen Werk mit Wohlwollen und gewähre den ratsuchenden Landbewohnern gemeinsam mit dem Dichter durch Wegweisung Wohlergehen (*georg.* 1,24–42). «Schon jetzt» (*georg.* 1,42) solle er sich daran gewöhnen, als Lichtgestalt und Retter der Welt angerufen zu werden. Damit wird Vergils Inanspruchnahme des neuen *princeps* als Musenersatz und Inspiration für sein Werk, das dem Land fröhliches Gedeihen (*laetitia*) schenken will, zu einer Art Göttlichkeitserprobung für den nach Allerhöchstem strebenden jungen Machthaber. Dass es sich dabei erneut um eingebettete und rasch relativierte Panegyrik handelt, zeigt der unmittelbare Kontext. Wie später Ovid (auf Vergils Spuren) im ersten Buch seiner *Metamorphosen*, so stellt hier Vergil der augusteischen Teleologie eines neuen Goldzeitalters, von der er in seiner vierten *Ecloge* einen Prototyp umrissen hatte, eine gegenläufige Konzeption an die Seite: Gemäß der auf Hesiods *Werke und Tage* (*Erga kai hēmerai*) zurückgehenden deszendenten Kulturtheorie der Metallzeitalter hebt Vergil in unmittelbarem Anschluss an den Octavian-Anruf die harte Arbeit (*labor durus*) des Bauern als Aufbäumen gegen die Daseinsnöte hervor, die seit dem Ende des «Schlaraffenlandes» der Goldenen Zeit die Menschheit bedrängen. Die Sinnstiftung für diese Existenzform erfolgt nun gerade nicht durch den neuen Herrscher und künftigen Gott, sondern durch den angestammten Weltenlenker des «Härtegeschlechts» (*durum genus*) der aus Deukalions Steinwurf entstandenen Menschheit: Jupiter erscheint schon in diesem Kontext als Herr des Weltgeschicks (*fatum*), als der er den Olymp der *Aeneis* prägen wird. Er wird als «Vater der Landwirtschaft» gepriesen. Er beseitigt den Überfluss der Goldenen Zeit und macht den Menschen zum Mangelwesen, um dessen schöpferische Triebe anzuregen. Darunter befinden sich auch einige Kulturtechniken, die sein weltliches Pendant Octavian zum Ausbau seiner Stellung als Herr der Welt nutzt: Schifffahrt, Navigation durch Orientierung an den Gestirnen, Jagdtechniken, Fischfang, Handwerk. Stand die letzte *Ecloge* im Zeichen der Allmacht der Liebe, so ordnet Vergil sein Landlehrgedicht der Allmacht der Arbeit unter: «Arbeit hat alles besiegt (*labor omnia vicit*) / rücksichtslos und in Härtefällen setzt zu die Entbehrung» (*georg.* 1,145–146). Deutlicher könnte der Dichter den Kontrast zwischen den Grundstimmungen seiner beiden ländlichen Gedichte nicht bezeichnen: Schlossen die *Eclogen* mit der elegischen Klage eines leidvoll liebenden Individuums, so sind die vier Bücher über die *Landwirtschaft* von der kollektiven Existenznot des Mangelwesens Mensch gezeichnet und dem elementaren Überlebenskampf des Kultur- und Gemeinschaftswesens Mensch gewidmet.

Arma, das erste Wort der *Aeneis*, dort Titel und Programm für ein Heldenepos, erscheint in den *Georgica* noch am Ende des Verses 1,160: «Darzustellen ist nun der harten Landwirte Werkzeug» in der Bedeutung «Werkzeug, Rüstzeug des Bauern» wie Pflug, Erntewagen, Dreschgerät und Hacken. So gehört es sich für ein lehrhaftes «Mittelepos» auf die Helden der bäuerlichen Arbeit. Am Ende des ersten Buches begegnet das Schlüsselwort dann aber bereits in der epischen Bedeutung «Kriegsgerät» (*georg.* 1,511). Ringkompositorisch schließt Vergil die erste Buchrolle seines Opus II, wie er sie begonnen hatte: mit eingebetteter Panegyrik auf den jugendlichen Machthaber und gottähnlichen Hoffnungsträger, hinter dem sich zur Zeit der Veröffentlichung niemand anderes als Octavian verborgen haben kann. Doch nun ist der Ton der Herbeirufung auf dem Umweg einer Bitte an die urrömischen ‹Heimatgottheiten› Romulus und Tiber, ihn sein Rettungswerk doch vollbringen zu lassen, viel dringlicher geworden. Zu Beginn beschränkte Vergil sich auf eine Variation eines Musenanrufs mit Beistandsbitte für Form (Werk) und Inhalt (Landbau). Nun wird der junge Caesar als Hoffnungsträger und Heilsbringer in einer unheilen, da durch «weltweite» (Bruder-)Kriege, Umkehrung der Werte, Verbrechen, Landenteignungen, Vertreibungen, Plünderungen und Gesetzesbruch entfesselten, wahrhaft eisernen Zeit ersehnt. Dies ist zu einem Zeitpunkt, an dem der Adoptivsohn und Erbe des Gaius Julius Caesar bereits seit fünfzehn Jahren die Geschicke Roms (mit)bestimmt, eine durchaus zwiespältige Botschaft des *vates*, der folgende Gebetsbitte formuliert (*georg.* 1,500–504):

Lasst diesen nur dem Verkehrten als Jüngling abhelfen im Heute,
ungehindert! Genug schon längst mit unserem Blutzoll
haben für Laomedon wir gebüßt den Meineid, für Troja.
Und schon längst will uns der Himmelspalast dich, Caesar,
nehmen, den Menschen, klagt er, gälten deine Triumphe.

In denkbar weiter Ferne vom Goldzeitalter erweist sich die Jetztzeit in der Diagnose des Dichters als Welt der verkehrten Werte (*eversum saeculum*), welche einer gottgesandten Erlöserfigur dringendst bedarf. Als solche empfiehlt sich wiederum der bereits mehrfach in Vergils Werk prominent gepriesene *iuvenis* (Jüngling). Doch dieser wird nach der hier entfalteten religiös grundierten Geschichtsideologie gerade von der Sphäre der Götter, die schon an dieser Stelle Umrisse von epischen Antagonisten erhält, an seiner Segenstat gehindert und der Menschheit missgönnt. Motive der Götter könnten eigener Anspruch auf den ihnen gemäßen und verwandten Jüngling oder aber nachtragender Hass auf die Römer sein, wie ihn in der *Aeneis* Juno verkörpern und in Gegenaktionen umsetzen wird. Dieses Motiv erprobt Vergil bereits jetzt in kaum verhülltem Bezug auf Octavian als den neuen Hoffnungsträger Roms. Aus der Gegenwart katapultiert das vom Sprecher bemühte Motiv der ‹Erbschuld› Roms, die im frevelhaften Meineid des trojanischen Königs Laomedon begründet liegt, den Rezipienten in die Uranfänge der mythischen Vorgeschichte Roms: Die Übertragung (*translatio*) der trojanischen Macht mit allen Licht- und Schattenseiten nach Italien durch Aeneas steht hier im Hintergrund und ist von Vergil in direkten Zusammenhang mit zeitgenössischer Herrscherpanegyrik gerückt. Die Idee einer *Aeneis* scheint sich an dieser Stelle bereits anzukündigen. Doch solange der Retter der Welt für seine Mission von den Göttern nicht freigestellt ist, überwiegen eindeutig die dunklen Töne. Das Buch endet geradezu mit dem Bild einer Anti-*Aeneis* (*georg.* 1,510–511).

Auch als Nachbarn brechen Bande des Rechtes die Städte,
Waffen tragend; es tobt durchweg Mars' Unart auf Erden.

Den Waffentaten des Aeneas und der *Aeneis*, die in der Bestimmung von Roms imperialer Mission ihren Zielpunkt finden werden, stehen hier die aktuellen Verwerfungen von Aufruhr und Bürgerkrieg entgegen. Diese erscheinen dem Sprecher wie eine nicht enden wollende blutige Buße, welche die Römer für ihre Anfangsverbundenheit mit den trojanischen Vorfahren entrichten müssen.

Angesichts dieser Bitterkeit, die an den Ton der jambischen Bürgerkriegsschelte in Horaz' *Epoden* 7 und 16 erinnert (um 30 v. Chr.), ist es erstaunlich, wie rasch sich das Bild im zweiten Buch der *Georgica* aufhellt. Die wohl berühmteste Passage aus diesem Buch wird denn auch als *laudes Italiae* bezeichnet und etwa in motivgeschichtlichen Überblicken gerne dekontextualisiert gelesen. Betrachtet man sie indes im vom Autor hergestellten Zusammenhang, so bemerkt man Folgendes: Die Verklärung Italiens zu einer Art irdischem Paradies steht in ganz bewusstem Kontrast zur Poetik der harten Arbeit, die als Nährboden des gesamten Lehrgedichts fungiert. Mit der «Frühlingsverewigung» (*georg.* 2,149) sieht Vergil ein Wesensmerkmal der Goldenen Zeit in seinem Italien verwirklicht. Doch zugleich enthüllt er den utopischen Charakter dieser Lobpreisung, wenn er auch den Sommer in diesen ihm eigentlich fremden Monaten erstrahlen sieht (*georg.* 2,149). Der machtpolitische und poetologische Abschluss der Passage offenbart als tieferen Grund dieser Überhöhung erneut die Selbstreflexion des Dichters. Dieser bleibt auch in der größeren Dimension seines Opus II seinen in den *Bucolica* behaupteten Prinzipien der feinen Kleindichtung treu (*georg.* 2,170–176): Die Herrscherfigur der Gegenwart wird als «größter Caesar» (*georg.* 2,170 *te, maxime Caesar*) persönlich angesprochen und in ähnlicher Weise verklärt wie sein Kernland: Vor der Anrede hatte der Dichter ihn als Gipfelpunkt an den Schluss einer Reihe von Musterrömern wie Decius, Marius, Camillus und den Scipionen gestellt. Diese verkörpern exemplarisch und häufig im Plural die ‹Altvätersitte›, den *mos maiorum*. Damit bereitet Vergil eine Teleologie des Vorbildlichen vor, die er in den geschichtspolitischen Durchblicken seiner *Aeneis* weiter entfalten wird. Als eine Art neuer Alexander erringe der größte Caesar «im fernsten Asien» militärische Siege, um die Inder (!) von den Römer-Akropoleis fernzuhalten.

Nach dieser wahrhaft gewaltigen Überhöhung des Sieges über Marcus Antonius kehrt der Sprecher dann buchstäblich auf den Boden seines eigenen Landes zurück. Er schließt das Binnenprooem mit einem Gruß an die eigentliche Triumphatorin, die von Saturn, Jupiters Vater, geprägte göttliche, ursprünglich paradiesische Erde (vgl. *georg.* 2,538), die er in ihrem gegenwärtigen, hoch zivilisierten Entwicklungszustand als Resonanzraum für seine Dichtung gewählt hat. Und diese widmet er ausdrücklich der friedlichen Produktion lebenswichtiger Erzeugnisse und nicht der Verewigung von ‹Heldentaten› im Krieg (*georg.* 2,173–176):

> Grüß dich, hohe Mutter der Ernte, saturnische Landschaft,
> hoch durch Männer: Für dich will ich altehrwürdiges Können
> abschreiten, Heiliges kühn erschließen an seinem Urquell,
> auf ascraeisch singe ich römischen Städten mein Landlied.

Der spätere Leser der *Aeneis* hat am Beginn von deren zweitem Vers das in den *Georgica* zum Wunderland überhöhte Terrain im Gedächtnis. Wie eine Stelle bei Martial belegt, genügte das eine Wort *Italia*, um wie ein zweiter Titel Vergils gesamtes Lehrgedicht in Erinnerung zu rufen. Und *magna virūm (virorum)* am Beginn von *georg.* 2,174 wird in *arma virumque* (*Aen.* 1,1) gerade wegen der unterschiedlichen Kasus und Numeri von *vir*, die Vergil jeweils einsetzt, nachhallen. Die Bezugnahme auf Hesiod aus Askra als Abrundung dieses Binnenprooemiums setzt mit poetischem Gründerstolz Vergils eigenem ‹Kulturtransfer› ein Denkmal. Die Einbürgerung des archaischen griechischen Landlehrgedichts im imperialen Rom und seinem kosmopolitischen Kulturbetrieb will der Dichter mit der Großleistung der Gewinnung des naturphilosophischen Lehrgedichts für die lateinische Sprache und die römische Kultur durch Lucrez (um 97/95–50 v. Chr.) parallelisiert sehen. Diese Deutung bestätigt das Finale des zweiten Buches: Darin wird gerade kein Herrscher gepriesen. Vielmehr wendet sich der Sprecher in einer feierlichen hymnischen Ansprache in der Person eines Priesters und Liebhabers der Musen (*georg.* 2,475–476) seinem großen Gattungsvorgänger zu: «Glücklich, wer es vermochte, vom Sein zu erkennen die Gründe» (475). Dessen naturwissenschaftliche Weltbetrachtung, die selbst die Todesfurcht überwinden hilft, hatte der Sprecher zuvor als ihm mit seiner Liebe zu Flüssen und Wäldern nicht wesensgemäß dargestellt (2,483–486a). Doch bei aller so zur Schau getragenen Bescheidenheit ist er selbstbewusst genug, um an die Seligpreisung des Lucrez eine durchaus autor- und werkreferentiell lesbare Seligpreisung dessen anzuschließen, der die Götter des Landes kennt. Die Welt der *Georgica* bringt er sodann kulturkritisch als Hort der Bescheidenheit, Ehrlichkeit und Altvätertugend gegen die anderwärts grassierenden Verwerfungen der eisernen Jetztzeit in Stellung.

Zu Beginn des dritten Buches und damit der – wie schon bei den *Bucolica* – mit poetologischer Programmatik anhebenden zweiten Werkhälfte ist das Sendungsbewusstsein des *vates* noch gewachsen: Er eignet sich – ähnlich wie einige Jahre später sein Freund Horaz in *Carmen* 2,20 – den Unsterblichkeit verheißenden metaphorischen Dichtervogel des Ennius (239–169 v. Chr.) an, des Schöpfers des lateinischen Hexameters. So möchte er im Weiteren neue Bahnen beschreiten, vom Boden abheben und als Schöpfer wahrhaft geflügelter Worte durch überragenden poetischen Erfolg Siege erringen, die er den Siegen des Herrschers an die Seite stellen kann. Das Gelingen und die Folgen seiner Neubelebung von Hesiods Landlehrdichtung fasst er in das große Bild einer persönlichen Heimkehr mit den geliebten böotischen Musen vom Helikon im Gefolge (*georg.* 3,10–13; 16–18):

> Erstmals will ich nach Hause mit mir, wenn ich lang genug lebe,
> aus Aonien zurück mitziehen (‹herspulen›) vom Gipfel
> die Musen;
> erstmals bringe aus Edom ich mit für dich, Mantua, Palmen,
> will auf der Grünfläche einen Tempel aus Marmor errichten.
> [...]
> Mittig wird bei mir Caesar sein und den Tempel besitzen:
> Ihm will als Sieger ich im tyrischen Prunk des Purpurs
> hundert Vierfachgespanne jagen zum Fluss mit den Wagen.

In dieser dichten poetologischen Prophetie besitzt jedes Wort Aussagekraft für den weiteren Schaffensweg Vergils: Das Verspaar 10 bis 11 bezeichnet zunächst die Fortsetzung und die im vollen Sinn verstandene Vollendung des vorliegenden Werkes. Als Erfinder (*prōtos heuretēs*) des lateinischen Landlehrgedichts will er bei seiner Rückkehr von Askra in Böotien und dem hesiodischen Berufungsort, dem Berg Helikon, in heimatliche Gefilde die Musen mit sich dorthin «mitziehen». Den letztgenannten Vorgang drückt Vergil mit dem poetologisch schillernden Verbum *deducere* aus und verweist damit unüberhörbar auf die Weisung zurück, die er in seiner Rolle als Tityrus von Apoll in *ecl.* 6,5 persönlich erhalten hatte. Die Heimkehr des Dichters nicht nur nach Italien, sondern in sein Herkunftsgebiet Mantua mitsamt den Musen vom Helikon gewissermaßen im Gepäck steht natürlich metaphorisch für den erfolgreichen Abschluss und die zufriedene Abkehr von Hesiods Gattung und Gegenständen. Die Musen sollen als Inspirationsgottheiten und Chiffren der Dichtung vom ländlichen Griechenland ins ländliche Italien Vergils in Form feingliedrig ausgestalteter Verse «mitgezogen» werden. Dies bezeichnet die Aussicht auf die Fertigstellung eines Werkes, das den physischen Tod seines Autors, der in dem selbstbezogenen Segenswunsch am Ende von Vers 10 *ex negativo* anklingt (*vita supersit*), überdauert, klassisch wird und seinerseits als Inspirationsquelle für mögliche Nachfolger dient. Diesen Prozess veranschaulicht der Sprecher im Weiteren als seinen professionellen «Sieg», der als Erfolg im intellektuellen Wettstreit mit Konkurrenz aus Literaturgeschichte und Gegenwart zu denken ist. Die Palme als Siegespreis für den Ersten im Dichterwettbewerb wird in der Tradition der panhellenischen Spiele und ihrer dichterischen Reflexion in den Siegesliedern Pindars als Auszeichnung der Heimat-Polis des Höchstrangigen verstanden. Dass Mantua durch Vergil erstmals in den Genuss einer solchen Ehrung kommt, hebt den Aufstieg des Sterns Vergil aus kleinen Anfängen in die zu erwartende Ewigkeit umso stärker hervor. Horaz wird diese Figur in seinem 23 v. Chr. die ersten drei Odenbücher besiegelnden *Carmen* 3,30 zu einer metaphorischen Verfestigung seines dichterischen Werkes mit Anspruch auf Dauerhaftigkeit ausbauen. Doch es gibt einen wesentlichen Unterschied: Horaz setzt die autor- und werkbezogene Monumentalisierung als Abschlussfigur ein, die mit dem

Perfekt «Vollendet habe ich ...» (*exegi*) einen selbstbewussten Schlusspunkt unter den drei ersten Büchern der *Carmina* bezeichnet. Beim *vates* Vergil liegt die Bautätigkeit in der Zukunft (*ponam*). In der Grünfläche der heimatlichen Gefilde, dem Ambiente der bisherigen Werke, und offensichtlich inspiriert von den dorthin mitgebrachten griechischen Musen, will er einen heiligen Bezirk, ein sakrales Gebäude, einen Tempel errichten. Das zu erwartende Werk müsste demnach erhaben in dem Sinn sein, dass Götter, Religion und Wertewelt Grundriss, Basis und alle anderen Bauteile bestimmen. Das ausersehene Material, Marmor, steht für Kostspieligkeit, Glanz und künstlerische Perfektion. «Mittig», das kann hier nur heißen: «zentral», wird für das hier sprechende und dichtende Ich (*mihi*) Caesar (also: Octavian) sein, dem dieser Tempel gelten, dem also das Werk in Aussicht gestellt und in einem umfassenden Sinn zugeeignet werden wird. Das Verspaar 17 bis 18 umreißt die ästhetische Form und die inhaltliche Ausrichtung des prospektiv gewidmeten Opus: Als Sieger aus dem Konkurrenzkampf der Poeten hervorgegangen (*victor ego*), wird sich der *vates* mit dem strahlend purpurroten Triumphatorengewand zeigen. Er wird also als kanonisierter und gefeierter Dichter seiner Zeit das lockere Hirtenkleid der *Bucolica* und die feste Landarbeiterkluft der *Georgica* zugunsten der Kleidung, d.h. natürlich der Thematik und der Form, eines gefeierten Feldherrn und Staatslenkers ablegen. Doch behält er als ästhetisch anerkannter *victor* die Gestaltungshoheit. Er wird durch die von ihm geschaffenen Verse den Triumph des Caesar erst schaffen, sowie er den Tempelbau seines Werkes schafft. Denn die unzähligen prächtigen Triumphwagen wird er zum heimatlichen Fluss Mincius «jagen», also in der ihm als Mantuaner gemäßen Weise auftreten und paradieren lassen. Eine solche Lektüre vermag auch schlüssig zu erklären, warum in seiner eigenen poetischen Welt der Dichter der eigentliche *victor* bleibt, nicht der machtpolitische Triumphator. Die im weiteren Verlauf in gelehrter, also nichtepischer Verknappung umrissenen Inhalte einer epischen Verherrlichung des künftigen Widmungsadressaten sind mit Blick auf Vergils Konzeption der *Aeneis* von entscheidender

Bedeutung. Die Beschreibung der Gold- und Elfenbeinreliefs an den Toren des von ihm erst zu errichtenden Marmortempels (*georg.* 3,26–33) ist im prophetischen Futur gehalten (3,27 *faciam* und 3,30 *addam*). Gleichwohl erfüllt sie durch die Ausgestaltung von Flüssen, Weltgegenden, Handlungsträgern und Handlungen der realen Welt alle Voraussetzungen einer vollwertigen Kurzekphrasis (Kunstbeschreibung). Als deren Darstellungsziel wird die überhöhte Versinnbildlichung der Römer unter der Leitung ihres ‹neuen Romulus› Octavian als Erben des Alexanderreiches und Herrscher der Welt erkennbar. Damit greift der Dichter die Überhöhung des jungen Caesars im Zusammenhang der *laudes Italiae* in Buch 2 auf und monumentalisiert sie noch weiter. Allerdings geschieht dies lediglich im vertröstenden Vorgriff auf ein künftiges episches Heldengedicht auf den *princeps*. Ein solches wehrt der Sprecher bei allen Kostproben und Könnensbeweisen im *genus grande* gerade noch einmal ab. Es zeigt sich, dass Vergil die Gebärde der *recusatio*, die den Beginn der zweiten Hälfte der *Bucolica* bestimmte, souverän weiterentwickelt hat. Apoll erscheint jetzt nicht mehr als Autorität, die den vorwitzigen Dichter zur Ordnung rufen muss. Vielmehr findet er nun in Vergils zweiter Kurzekphrasis von «geradezu atmenden» Marmorstandbildern (weniger wahrscheinlich: Marmorreliefs) der trojanischen Urahnen der Römer und des neuen julischen Herrschergeschlechtes seinen Platz (*georg.* 3,34–36). Ihm schreibt Vergil dabei die Rolle des *Troiae ... auctor* (3,36), also des «Urhebers» Trojas, zu. Dies passt zu der Sage, dass er dem einstigen Trojanerkönig Laomedon bei der Errichtung der Stadtmauern behilflich gewesen sein soll und daher als ein Gründervater der Stadt gelten darf. Doch im Kontext der troisch-julischen Ahnenreihe liegt nicht nur eine weitere Bedeutungsebene nahe: Zunächst ist das Näheverhältnis zwischen dem jungen Caesar Octavian und seinem Schutzgott von Actium in Rechnung zu stellen, dem er in der eigenen Nachbarschaft auf dem Palatin einen Tempel dedizieren wird. Zudem signalisiert Vergil, dass Apoll als poetische Inspirationsgottheit auch einem gewagten epischen Projekt gewogen sein dürfte, dessen panegyrische Grundstruktur mit ähnlichen Umwegen arbeiten wird wie die hier beschriebenen Götter- und Heroenstatuen: Die poetische Verewigung der trojanischen Ahnen der Römer und ihres Herrschergeschlechtes soll die problematische Vergangenheit von Laomedons Frevel – dessen Weigerung, seine göttlichen Helfer Apoll und Poseidon zu bezahlen – und Junos Groll – u.a. weil der Trojaner Paris nicht sie, sondern Venus zur schönsten Göttin erklärte – endgültig überwinden und gleichzeitig zwei Siegern ein episches Denkmal setzen: dem jungen Caesar als mythisch-historisch hybridisierter Lichtgestalt in der Typologie von Aeneas und Alexander einerseits und dem *vates*, der die griechische poetische Tradition durch triumphale Innovation nach Italien holt und die auktorialen Fäden all dessen in der Hand hält, andererseits.

Doch noch ist es nicht so weit. Mit Vergils resolut kallimacheischer, mehrfach bewährter Bewegung weg von epischen Höhenflügen auf den Boden der Tatsachen ruft er sich pflichtschuldig selbst zurück zur Erfüllung seines «unsanften», weil eben die harte Landarbeit betreffenden, poetischen Auftrages seines Widmungsadressaten Maecenas (*georg.* 3,40–45). Zum versöhnlichen Abschluss des Prooems verspricht er dem Herrscher dann für die Zukunft eine poetische Verewigung seiner Kriegserfolge. Dieses Versprechen wird er mit der *Aeneis* auf eigenwillige Weise einlösen, indem er die Schlachten seiner Zeit nur in mythologischer und ekphrastischer Perspektivierung in die von seinem künstlerischen Siegesdrang gekennzeichnete epische Großkonzeption einfügen wird (*georg.* 3,46–48):

> Bald aber will ich das Feuer beherzt beschreiben der Kämpfe
> Caesars und seinen Namen verklären für so viele Jahre
> wie von Tithonos' Uranfängen trennen den Caesar.

Doch bevor der Dichter dieses ihm thematisch ferne und schon durch den gewaltig weiten Wirkungsradius entrückte Werk zugunsten des epischen Ruhms (griech. *kléos*) des zweifach erwähnten Caesar in Angriff nehmen kann, liegt ihm anderes näher: In *georg.* 3 beschreibt er beherzt die Pferde- und Rinderzucht als Sinnbilder für den endlosen existentiellen Kampf der Menschheit angesichts der von ihrem Lebenslos (*fatum*) verhängten Todesverfallenheit. Diese trifft alles individuelle, menschliche, tierische und pflanzliche Leben. Durch einfallsreich optimierte Fortpflanzung kann zumindest das Überleben der Arten gewährleistet werden, allerdings nur in einem stetigen Trotzen gegen die physische Hinfälligkeit der nach kurzer Jugendblüte rasch alternden und verfallenden Lebenskraft. Eine etwa an der Brunst der Stuten verdeutlichte Gegengewalt liegt im sexuellen Fortpflanzungstrieb (*amor*), der allen Lebewesen eigne (*georg.* 3,244). So gelesen, setzt der *vates* der epischen Verewigung im erst verheißenen *genus grande* die Poesie des physischen Überlebenskampfes in der Landwirtschaft entgegen. Zum Ende des Buches hin gilt die Leidenschaft des Sprechers dann der niederschmetternden Schilderung der Gegenkräfte, die physisches Leben mehr oder minder regelmäßig vernichten und damit in den Kreislauf der Natur gehören. Über Schädlinge und übliche Krankheiten gelangt er zu der verheerenden Rinderpest in Noricum, die «nach so langer Zeit» noch an der Verödung der dortigen Landschaft ablesbar sei (3,470–566). Diese Naturkatastrophe, die sich bei der versuchten Verwertung der Tierkadaver durch Ansteckung auch auf den Menschen überträgt, setzt einen denkbar dunklen Schlusspunkt unter das Buch der kreatürlichen Bewährung, das in eine Art Sinnkrise mündet.

Aus dieser Tiefe, konkret: aus den Gruben, in denen man die infizierten Kadaver verscharrt (*georg.* 3,558), ruft der Dichter nicht nur seinen primären Adressaten Maecenas, sondern die gesamte Leserschaft zu Beginn der vierten Buchrolle in die luftigen Höhen. Im Abschlussbuch von Opus II geht es um das ‹Himmelsvolk› der Bienen. Das kurze Prooemium feiert erneut die kleine Form, die sich diesmal als metaphorischer Ersatz für ein politisch-moralisches Heldenepos im Stil der folgenden *Aeneis* empfiehlt (*georg.* 4,1–7)

> Gleich werde ich des luftigen Honigs himmlische Gabe
> abhandeln; dieses auch, Maecenas, schau an als Teilstück!
> Staunenswertes für dich, ein Schauspiel von Mini-Staaten,
> hochgesinnte Machthaber, ganz nach der Reihe vom Stamm die
> Bräuche, Bestrebungen, Völker und Kriege will ich verkünden.

In dem Kleinen steckt Mühe. Doch klein ist der Ruhm nicht, wenn einen
Götter voll Gnade lassen, wenn hört auf das Rufen Apollo.

Die poetologischen Kernfragen, die Vergil seit jeher umtreiben, hat er an dieser Stelle erneut abgewandelt: Episches oder episierendes Dichten, Nachruhm und göttliche Gnade in politischer (‹Gott› Octavian) und poetischer Hinsicht (Apollo) sind wieder einmal neu arrangiert. Anstelle des Nektars, den ein vergöttlichter Herrscher nach seiner Apotheose trinken darf (wie etwa der mit den Göttern zu Tisch liegende Augustus bei Horaz, *carmen* 3,3,11–12), wählt sich der Sprecher die auch den Alltagsmenschen zugängliche Himmelsgabe des Honigs und dessen Gewinnung als Thema. Doch diese zugegeben «kleinen» Gegenstände gewinnen durch die Bildebene von militärischer und politischer Führung, deren Anwendung auf die Bienen sich ganz poetischer Kreativität verdankt, quasi-epische Größe. Vergil bekennt sich wie in *ecl.* 6 weiterhin zu mühsam feingesponnenen Gedichten, schreibt diesen aber jetzt ausdrücklich großartigen ‹Schauwert› im Sinne allgemein bestaunter Kunstwerke und Aussicht auf Ruhm (bei Mit- und Nachwelt) zu. Ein solcher Erfolg setzt freilich das Gewährenlassen durch den irdischen Herrscher und Inspiration durch den implizit um weitere Unterstützung angerufenen Apollo voraus. Doch nach dieser weiteren Eröffnungsgeste drängt es den Lehrdichter rasch zur Beendigung dieses Werkes. Aber was er en passant erzählt, entfaltet ein kleines und individuelles irdisches Paradies und tritt so an die Seite der überindividuellen *laudes Italiae*: Der Obst- und Gemüsebau sowie die Baumpflanzungen und die Imkerei machen den aus Corycus (in Kilikien) stammenden älteren Herrn, der in Tarent in der Magna Graecia ein bescheidenes und zu nichts anderem taugliches Stück Land besaß, innerlich reich wie einen König (4,132 Königen glich er nach Gütern im Geiste). Die Groß-Klein-Kontraste sind auch sonst maßgeblich: Im weiteren Verlauf des Bienen-Buches variiert Vergil die im dritten Buch anhand der größeren Tragik der Pferde- und Rinderzucht entwickelten Themen von Liebesleidenschaft und Tod im helleren

Licht der Imkerei. Darin ist der Überlebenskampf insofern ein wenig leichter, als selbst der Verlust eines ganzen Bienenvolkes durch die sogenannte Bugonie, die vermeintliche Entstehung neuer Bienen aus einem blutigen Rindskadaver, ausgeglichen werden kann (*georg.* 4,281–314). Mit dem «arkadischen Lehrmeister» dieses Verfahrens (4,283), nämlich Aristaeus, wendet sich das Landlehrgedicht einer der neben Theokrits Sizilien und Vergils Mantuaner Land idyllischen Landschaften der antiken Poesie zu. Dort siedelt Vergil das Epyllion von Aristaeus' Entdeckung an, die schließlich zum Segen für die ganze Menschheit wurde. Das Finale leitet er mit einem nur einen Vers umfassenden Binnenprooemium mit dem Anruf aller Musen in 4,315 ein. Die folgende Erzählung vom bukolischen «Hirten» Aristaeus (*pastor*, 317), der seine Bienen verlor, ist demnach als Musenrede inszeniert. Dessen Klage als Götterkind der Quelle Cyrene und des Apollo von Thymbra vor seiner Mutter ruft die Klage des Halbgottes Achill vor seiner Mutter Thetis im ersten Gesang der *Ilias* in Erinnerung (Hom. *Il.* 1,348–430). Der Dichter ist mit dem durch und durch neoterischen Kleinepos also bereits auf dem Weg, sich der großepischen Tradition in eigentümlicher Weise anzunähern. Cyrene in ihrem Unterwasserpalast verweist ihren todtraurigen Sohn auf den prophetisch begabten, aber wandlungsreichen und nur unter Fesselungszwang wie Silenus in *ecl.* 6 auskunftsfreudigen Meeresalten Proteus als *vates*, der ihm weiterhelfe. Dieser wirkt bereits im vierten Gesang der *Odyssee* als mantische Figur, wie aus der lebhaften Erzählung des Menelaos anlässlich der Erkundungsreise von Telemachos hervorgeht. Auf diese Weise öffnet Vergil mithin ein Anspielungsfenster auch in Richtung des zweiten großen homerischen Epos. Und Proteus bietet ihm eine ländliche Spielart einer großepischen Geschichte von Heldenverfehlung wie Odysseus' Blendung des Polyphem und Götterzorn wie Poseidons Groll gegen Odysseus: Auf der panischen Flucht vor Aristaeus habe Eurydice eine Flussschlange übersehen, durch die sie zu Tode kam. Orpheus wagt nach exzessiver Klage den Gang ins Totenreich (*Katabasis*) und kann durch seinen Gesang die grausige Welt der Verstorbenen betören. Doch aus Liebeswahn (4,488 *dementia*) missachtet er das Verbot des Blicks zurück und verwirkt die bedingt errungene Rettung Eurydices. Der untröstliche Orpheus gerät schließlich unter die Mänaden und wird von diesen zerstückelt. Cyrene deutet diese todtraurige Geschichte für ihren Sohn überraschenderweise als tröstlich, weil sie die Ursache seines Leidens eröffne und ihm einen Weg aus der Misere weise: Da er unwillentlich den Tod von Orpheus und Eurydice verursacht habe, müsse er (wie Odysseus vor der Beschwörung der Verstorbenen in *Odyssee* 11 die Totenphantome) die Geister von Orpheus und Eurydice, deren Nymphenfreundinnen den Bienen aus Rachsucht die Vernichtung brachten, durch Tieropfer versöhnen (4,536 *irasque remittent*). Als Belohnung ergibt sich sodann die «wunderliche Erscheinung» (*mirabile monstrum*, 4,554), dass neues Bienenleben aus den Rindereingeweiden entsteht. Der Kreislauf des Lebens erhält durch göttliches Wohlwollen im Zusammenwirken mit menschlicher Ergebenheit an die Götter und ihre Weisungen, also mit *pietas*, einen menschliches Hoffen sogar übersteigenden Antrieb. Insoweit bereitet der *pius Aristaeus* Vergils *pius Aeneas* vor. Aristaeus hat nach Proteus' Auskunft unter dem Zorn des «göttlichen Orpheus» zu leiden (4,454), der «heftig für seine Gattin wütet» (4,456) und nur durch das Wirken der Schicksalsmacht des *fatum* überwunden werden kann (4,455). Ähnlich werden Aeneas und die Seinen unter dem heftig wütenden Zorn der Göttermutter Juno leiden, der nach episch langen Nöten und Kämpfen und nur im Bund mit dem von Jupiter verwalteten und gewährleisteten *fatum* schließlich überwunden wird.

Das Siegel (griech. *sphragís*), das Vergil unter sein Landlehrgedicht setzt, scheint indes kein Werk von ‹aeneischer› Größe in Aussicht zu stellen. Vielmehr spricht der Ringschluss zu *ecl.* 1,1 eher für eine Abschlussfigur (*georg.* 4,559–566):

> Dies habe ich über Feldwirtschaft und Viehzucht gesungen
> und über Bäume, während Caesar, der Große, an Tiefen
> Blitze schleudert beim Euphrat im Krieg, als Sieger willkommen
> Völkern verordnet das Recht, den Weg einschlägt zum Olympus.
> Da hat mich, den Vergil, gleichzeitig mit Wonne verköstigt
> Parthenope, als mein Trachten erblühte nach einsamer Muße,

der mit Gedichten ich spielte um Hirten, verwegen durch Jugend
Tityrus, dich und den Schirm besang in dem Schutz einer Buche.

Ähnlich wie Horaz dies in seiner zeitlich nahen ersten *Epode* unternimmt, verbindet Vergil sich als Dichter mit der Herrscherfigur an prominenter Stelle im Gedicht gerade dadurch, dass er die Sphären beider durch eine klare Trennlinie voneinander scheidet. Während er sein bisheriges Werk im Rückblick zunächst durch die Friedenswirtschaft des Landbaus und abrundend durch die spielerische Idylle der Hirtenrast kennzeichnet, strebt Caesar (Octavian), hier schon mit dem Epitheton Alexanders geschmückt, in die Weite und in die Höhe: Der «tiefe Euphrat» steht sinnbildlich als *pars pro toto* für die weitreichenden und schwerwiegenden Bürgerkriegskämpfe, die sich bis in den Nahen Osten, den einstigen Machtbereich des Gegenspielers Marcus Antonius, erstreckten. War in *georg.* 3,16 der Dichter siegreich (*victor*) in seiner triumphalen Mission, so ist es nun der Herrscher, der als *victor* sein Imperium nicht nur erobert, sondern als Spender und Vater des Rechts für die Völker seinen Machtbereich auch zivilisiert. Er arbeitet mithin an einer Mission, die Vergil in der Anchisesprophetie im sechsten Buch seiner *Aeneis* zur «Sendung des Römers» verklären wird: «den Frieden bestärken mit Sitte» (*Aen.* 6,852). Doch während «der Musterrömer» Octavian auf dem Weg zur Apotheose voranschreitet, besinnt sich Vergil am Ende erneut auf seine kleine und wahrlich friedliche Welt. Voraussetzung für seine Schaffenskraft ist die (offenbar auch poetische) Freiheit vom Kampfgetümmel der weiten Welt. Diese vermag ihm nur die Muße (*otium*) in der ländlichen Heimat oder im geliebten Neapel zu spenden. Dafür scheint er hier sogar auf den noch zu Beginn des vierten Buches wiederum beanspruchten Ruhm im Kleinen verzichten zu wollen. Hatte er in *georg.* 2,486 bekannt: «Flüsse möchte ich lieben und Wälder unrühmlich», so pocht er nun auf ein *ignobile otium*, dem seine Bestrebungen gelten. Doch bei genauer Lektüre stellt sich heraus, dass er damit nur die Sphäre der großen Politik und der weiten Welt der militärischen Eroberungen als Gegenstand der dichterischen *studia* ein weiteres

Mal abweist. Den Ruhm «im Kleinen» setzt er wie selbstverständlich voraus, wenn er die *Georgica* als Vergilius und sein bisheriges Gesamtwerk mit dem Namen seines bukolischen Tityrus besiegelt. Er bereitet damit die Kanonisierung eines Werkes vor, das unter Beweis gestellt hat, dass die kleinere Form die Themen und Verfahren der großen Epik einzuhegen und ästhetisch zu sublimieren vermag. Damit schließt sich der Kreis zum «Vorprooem» der *Aeneis*. Dessen Verfasser brach gewissermaßen das Siegel unter den Opera I und II auf und stellte damit eine unmittelbare Kontinuität auch zum dritten Teil der Trias, zu Vergils Hauptwerk, her. Ob er ahnte, dass er damit zumindest hinsichtlich der Treue des Autors zu seinen *carmina deducta* etwas Richtiges gesehen hat?

4. *Hic vir ... Augustus Caesar*: Die *Aeneis* als Epos des augusteischen Prinzipats

Mir ist's ein Spaß, ermattet zu liegen auf Kränzen von gestern,
da mich als Zielscheibe traf sicher im Innern der Gott.
Actium ist's für Vergil, die Küste im Schutze des Phoebus,
Caesars Tapferkeit auch darzustellen auf See,
der jetzt von Aeneas aus Troja aufgreift die Waffen
und die Gründung der Stadt an Laviniums Strand.
Weg mit euch, Roms Autoren, und weg mit euch auch,
ihr Griechen!
Irgendein größerer Wurf sticht jetzt die *Ilias* aus.

Mit diesen Worten formuliert Properz (um 47–15 v. Chr.) in 2,34,59–66 eine ganz ähnliche poetologische Abgrenzung, wie sie Vergil in seinen Opera I und II für sich vorgenommen hatte. Doch Vergil hat mittlerweile die Seiten gewechselt: Seine enthusiastische Leidenschaft, sein *amor*, galt zuvor Flüssen, Wäldern, Feldern und Hirten. Vers 61 bringt nun einen Bruch, der ganz unvermittelt und in scharfer Verknappung den Wechsel der Sphären anzeigt: Vergil, der in seinem eigenen Epilogsiegel (*georg.* 4,563) an identischer Versstelle bedeutungsschwer mit seinem Eigennamen gezeichnet hatte, wird jetzt als epischer Dichter der kleineren Form entrückt. Sein schöpferischer *amor* gelte nun Actiums Küste und deren göttlichem Schirmherrn Apollo (V. 61). Dies ruft schon vor der Klärung im folgenden Vers den entscheidenden Seesieg auf, den Octavian und vor allem Agrippa im Jahr 31 v. Chr. an diesem Ort errungen haben.

Properz kennt offensichtlich bereits das Prooem der entstehenden *Aeneis* und zitiert sowohl dessen Titelwort (*arma*) als auch den Zielpunkt gegen Ende von *Aen.* 1,7: *moenia.* Damit klingt schon an dieser Stelle eine typologische Lesart der *Aeneis* an, welcher der einflussreichste spätantike Kommentator Maurus Servius Honoratus (4. Jahrhundert) zu großer Prominenz verholfen hat: Die Herrscherpanegyrik der *Aeneis* nimmt den Umweg über die trojanische Vorgeschichte der Römer und die Heldentaten des Ur-Gründervaters Aeneas. Dieses wahrlich weite Panorama bewegt den elegischen Sprecher Properz seinerseits zu einer Panegyrik im Vorgriff, aber auf gut vergilisch zu einer solchen auf den Dichter, dem wie einem Triumphator die Konkurrenten aus Rom und Griechenland weichen sollen. Die hyperbolische Prophetie, hiermit entstehe gerade etwas «Größeres als die *Ilias*», ist gewiss mit einem gerüttelt Maß an gattungstypischer Ironie des selber eposverweigernden Liebesdichters geschrieben. Sie erfasst gleichwohl den raumgreifenden Anspruch Vergils, durch seine Neuerfindung des epischen Gesangs zwischen den geographischen, sprachlichen und zeitlichen Sphären die bisherige Gattungstradition der Griechen und Römer der eigenen Ästhetik anzupassen und sie dadurch zu übertrumpfen.

Dass Vergils Arbeit am Epos schon als *work in progress* lebhafteste Anteilnahme der Intellektuellen und des Machthabers verzeichnen konnte, belegt nicht nur Properz. In der Vergilbiographie des Aelius Donatus (S. 16–17) heißt es dazu (*Vita Donati* 30–32) zunächst unter Bezugnahme auf die Properzstelle:

> Um die *Aeneis* ist, kaum dass sie begonnen war, ein derartiger Trubel entstanden, dass Sextus Propertius sie ungeniert folgendermaßen ankündigte: [Zitat Properz in 2,34,59–66, siehe oben]. Augustus aber – denn er war gerade auf einem Feldzug

> gegen die Cantabrer (27–25 v. Chr.) unterwegs – hat flehentlich, ja sogar im Scherz drohend sich in einem Brief ausbedungen, dass ‹ihm von der *Aeneis*›, wie er wörtlich schreibt, ‹entweder der erste Gedicht-*draft* oder jedes beliebige *piece* zuzusenden sei›. Ihm hat er (Vergil) freilich viel später, als er fertig war endlich mit dem Stoff, drei Bücher im Ganzen vorgetragen, das zweite, vierte, sechste».

Augustus und seine Familie müssen zu einem handverlesenen Kreis gehört haben, dem Vergil auf diese Weise Einblick in seine Werkstatt gewährte. Die Donat-Vita berichtet zudem von «nicht häufigen» Lesungen einzelner Abschnitte des entstehenden Epos, bei denen Vergil die Wirkung erproben und das Urteil anderer in den Fragen einzuholen beabsichtigte, bei denen er selbst unschlüssig war (*Vita Donati* 33). Dass es sich bei diesen *plures* in erster Linie um Vergils Dichterfreunde gehandelt haben wird, liegt auf der Hand und findet nicht nur in Properz' früher Vertrautheit mit dem Prooemium und der Konzeption der *Aeneis* eine Bestätigung. Ein ähnlicher, ebenfalls poetisch ausgetragener Dialog unter vertrauten Kollegen lässt sich auch zwischen Horaz und Vergil nachweisen. Der enge Austausch der beiden in Maecenas' Kreis verbundenen ‹Seelenverwandten› bot etwa bei Teillesungen und Diskussionen in den Jahren von Vergils Ringen um sein Opus III reichlich Gelegenheit. Horaz' berühmtes Nähebekenntnis zu Vergil als «Seelenhälfte, ein Stück von mir» entstammt seinem Geleitgedicht (*carmen* 1,3) für den Freund, der sich auf das gefährliche, ja lebensbedrohliche, weil von Hybris gezeichnete Wagnis einer – biographisch für diese Lebensphase Vergils nicht bezeugten – Seereise nach Griechenland einlässt. Diese Fahrt nach Griechenland und zurück bezeichnet bei einer metaphorischen Lektüre, wie ich sie in Janka 2000, 293–294, ausführlicher vertreten habe, den Weg, auf den sich Vergil mit seinem *Aeneis*-Projekt begeben hat: den der Aneignung des homerischen Epos und des griechischen Mythos für die römische Poesie seiner Gegenwart. Seine verschlüsselte Warnung vor den Gefahren des Scheiterns der epischen Großform hat Horaz in seinem *Carmen* 3,3, der dritten der sogenannten Römeroden, fortgeschrieben.

Als unerbittliche Götterhoheit hält Horazens Juno dort jedem Ansinnen, Troja neu zu beleben, die sichere Unheilsverheißung neuerlicher Niederwerfung und neuerlicher Vernichtung entgegen (*c.* 3,3,61–68).

Vergils *Aeneis* fußt dagegen, wie ja auch Properz belegt, gerade auf der Kontinuität zwischen Troja und Rom. So feiert Vergils Jupiter vor Venus das durch Julius Caesar etablierte römische Weltreich als Wiederaufleben trojanischer Macht in Gestalt der von *Iulus* hergeleiteten *gens Iulia* (*Aen.* 1,286–288):

Auftauchen wird von edler Herkunft ein *troischer Caesar,*
dessen Reich nur das Weltmeer begrenzt wie den Ruhm
nur das Weltall,
Julius, mit dem Großen verbunden im Namen, mit Julus.

Wenn Vergil nun trotz allem auf seinem Weg zum Epos weiterschreitet, so hat er dabei gewiss das «sanfte Beratungswort» (*c.* 3,4,41) seines Vertrauten nicht achtlos übergangen. Zunächst hat er ja dem Drängen des Augustus nach Zugänglichmachung von Einzelpassagen des unfertigen Werkes lange getrotzt. Während des nach der biographischen Überlieferung an Vergils Lebensende immer noch nicht abgeschlossenen Ausfeilens der *Aeneis* (*Vita Donati* 35) konnte er nicht nur konzeptionelle und strukturelle Grundlagen noch schlüssiger ponderieren, sondern auch Gestaltungsformen entwickeln, um epische Höhe mit kleineren Formen zu versöhnen. Dies hatte ihm Horaz im Mikrokosmos der poetologischen lyrischen Ode vorgeführt. Aeneas als Vergils Held der Hartnäckigkeit wird dann auch das Vehikel sein, mit dem er die vom Herrscher so dringlich ersehnte panegyrische Mission auf eleganten Umwegen erfüllen konnte. Daher trifft Servius formale und inhaltliche Wesenszüge der *Aeneis*, wenn er seinen Kommentar mit der folgenden Einschätzung beginnt: «Absicht Vergils ist es, Homer nachzueifern und Augustus zu preisen über seine Vorväter.» Doch bei Vergil lohnt es sich immer, noch genauer hinzusehen und seine Texte danach zu befragen, ob man diesen aufbürden kann, was spätestens seit Servius als «Aussageabsicht» (*intentio*) des historischen Autors bezeichnet und verstanden wurde. Immerhin sieht schon Servius, dass die herrscherpanegyrische Dimension eine merkwürdige Gebrochenheit aufweist. Augustus wird nicht unmittelbar, sondern via Lob auf seine «Eltern» verherrlicht. Zunächst mag man an den Adoptivvater Gaius Julius Caesar denken. Doch dieser ist ebensowenig Handlungsträger von Vergils epischem Plot wie Augustus selbst. Die *parentes* erweisen sich mithin als eben die trojanischen Vorväter des julischen Geschlechts, die Horaz' Juno zu ewigem Vergessensein verdammt.

Wie Vergil sie dieser Vergessenheit entreißt, sie zu Ikonen der epischen Handlung und Motoren einer neuen Erinnerungspolitik ausgestaltet, wird im großen nächsten Kapitel gezeigt. Zunächst soll eine synoptische Lektüre der im engsten Sinn auf Augustus bezogenen Passagen der *Aeneis* für die Fragestellung sensibilisieren, ob und wie der Dichter hier seinen früheren Versprechungen einer epischen Verewigung des Herrschers gerecht zu werden sucht: Während Horaz im *Carmen* 3,3 dem Augustus aus eigener prophetischer Kraft einen künftigen Platz an der Tafel der Götter verheißt, geht Vergil schon im ersten Buch seiner *Aeneis* den Umweg über Troja. In der ersten großen Götterszene des Epos prophezeit Jupiter vom höchsten Himmel herab (*Aen.* 1,223) seiner Tochter Venus die ewige Herrlichkeit der Römer und ihres Weltreiches als unverrückbares «Schicksalsgeheimnis» (*Aen.* 1,262 *fatorum arcana*). Mit diesem teleologischen Trost zieht er eine zahlenmystische und genealogische Linie von Aeneas über Ascanius/Julus, den Stammvater des julischen Geschlechts, bis zu Romulus, der die im Prooemium verheißenen «Stadtmauern Roms» errichten wird. Bezeichnenderweise sind sich die Interpreten nach wie vor nicht einig, mit welcher historischen Persönlichkeit der nach Romulus einzig weitere namentliche Ewigkeitsheld Roms zu identifizieren ist. In der Passage, deren Anfang oben zitiert ist (*Aen.* 1,286–290), verheißt Jupiter die Geburt eines Julius Caesar aus trojanischem Geschlecht. Dieser werde, wie Romulus die Stadtgründung, so die Weltreichsbegründung im Dienst des *fatum* vollziehen. Er werde über den Orient triumphieren, dereinst vergöttlicht und dementsprechend auch in Gebeten um Beistand angerufen werden. Als Referenzfiguren kommen natürlich nur der unlängst tatsächlich vergöttlichte Gaius Julius Caesar oder dessen noch lebender und politisch höchst aktiver Großneffe und Adoptivsohn Augustus in Frage. Allerdings darf eine Prophetie, die den Namen Augustus geflissentlich ausspart, etwas orakelhaft Ambivalentes behalten und Assoziationen beider Iulii Caesares beim Rezipienten in Gang setzen. Beide haben ja jeweils einen Bürgerkrieg für sich entschieden und damit die trojanischen Aeneaden als Herrscher Roms und der Welt reetabliert. Damit wäre für die neue ‹julische› Zeit eine weniger schematische Herrschersukzession gegeben als bei den aeneadischen Ur-Juliern. Wie deren Vormachtkämpfe erst mit der höchst kraftvollen Befestigung von Alba Longa durch Ascanius/Julus nach Jahrzehnten des Krieges zur Ruhe kommen, so kann erst nach Beendigung der ebenso heftig tobenden Bürgerkriege ein Zeitalter des Friedens beginnen. Anders als der *vates* Vergil in seiner vierten *Ecloge*, verklärt Jupiter diese neue Epoche ausdrücklich *noch nicht* zu einem neuen Goldenen Zeitalter. Gleichwohl ruft diese Passage unverkennbar die *pax Augusta* auf den Plan und scheint der Selbstdarstellung des Regimes von Gaius Julius Caesars Erben Augustus direkt in die Hände zu spielen. Sein Name fällt freilich nach wie vor nicht (*Aen.* 1,291–296):

> Hartes wird dann gemildert, man lässt nach Jahrhunderten Kriege:
> Schlohweiße Fides und Vesta, mit Remus wird Bruder Quirinus
> Recht verordnen, das Grauen wird eisern mit Schloss und Riegel
> abgesperrt als Kriegspforten; der Wahn wird ungut da drinnen
> sitzen auf grässlichen Waffen, gefesselt mit hundert Bronzeketten am Rücken und ächzen schrecklich mit Blut an der Schnauze.

Nach dem Auftreten des Julius Caesar als Weltherrscher mit Aussicht auf Vergöttlichung *beginnt* durch die «Beilegung» der (Bürger-)Kriege ein Prozess der inneren Neuorientierung. Diesen fasst Vergil in das auffallend vorsichtige Bild der «Abmilderung» der Härten, die als «epochenlang» überzeichnete Phasen der inneren Zerrüttung mit sich brachten. Vergils Jupiter sieht Augustus also vor eben die Aufgabe gestellt, auf die Cicero in seiner Rede *Pro Marcello* im Jahr 46 v. Chr. den damaligen Bürgerkriegssieger und Diktator Gaius Julius Caesar persönlich verpflichtet hatte: «Alles ist neu aufzurichten von dir, Gaius Caesar, allein, was du darniederliegen siehst, da es durch den Kriegssturm selbst notwendigerweise zerschmettert und zerschlagen wurde» (Cicero, *Marc.* 23). Der Weg, um von den Verwerfungen des eisernen Zeitalters zu einer besseren Ära zurückzufinden und die schicksalshafte Deszendenz des Zeitaltermythos zu überwinden, führt über eine Rückbesinnung, wie sie durchaus für die restaurative Religionspolitik des Augustus kennzeichnend ist: Die altehrwürdigen Gottheiten und moralischen Mächte Fides, die für Eidestreue, Glaubwürdigkeit und Verlässlichkeit steht, und Vesta, die über das Herdfeuer wacht und züchtiges Familienleben symbolisiert, sollen vereint mit dem vergöttlichten Romulus und seinem Bruder Remus, dessen Ermordung durch den eigenen Bruder Vergil in einer Art symbolischen Mythenvariation ausblendet, die rechtliche Verfasstheit des verheißenen Imperiums gewährleisten. Es fällt auf, dass diese kultischen resp. mythischen Handlungsträger hier den Herrscher ersetzen. In *georg.* 4,560–562 (S. 39 f.) war es «der große Caesar» persönlich, der den ihm ergebenen Völkern «das Recht verordnet» hatte. Nun sind es vielmehr die endlich versöhnten und innerlich gefestigten «Romulusenkel», also die Römer selbst, die mit einer gemeinwohlorientierten Haltung die Aussöhnung erst bewerkstelligen müssen. Diese Aufwärtsbewegung setzt einen stabilen Frieden voraus. Dafür findet Vergil in seiner Jupiterprophetie starke Bilder, die allem Anschein nach an die Selbstdarstellung und Repräsentation des augusteischen Prinzipats angelehnt sind. Augustus setzte ja auf die Symbolwirkung der Schließung der Tore des Janustempels, die traditionell den «Frieden unter den Völkern» versinnbildlichte (vgl. Livius 1,19,2–3 über die erst zweite bekannte Schließung «nach dem Krieg von Actium durch Imperator Caesar Augustus»). Der Kaiser hebt in seinem Tatenbericht (*Res gestae divi Augusti*, im Weiteren *RGDA* 13) drei öffentlichkeitswirksame Tempelschließungen hervor. Zwei sind sicher datierbar, nämlich auf 29 v. Chr. (nach Actium) und 25 v. Chr. (nach den Feldzügen in Spanien). Vergils Jupiter greift das Motiv in 1,294 auf. Doch das poetische Schwergewicht legt er diesmal gerade nicht auf die Wiederkehr eines paradiesischen Weltfriedens in einem neuen Goldenen Zeitalter. Alle Gegenmächte der Aeneaden verdichten sich gewissermaßen im *Furor impius*, dessen Einkerkerung, Verbarrikadierung und Fesselung offenbar eine mit aller Härte (1,293) und Nachdrücklichkeit zu leistende Aufgabe bleibt. Denn das blutrünstige Ungeheuer (neuer Waffengänge, insbesondere unter Bürgern) bleibt bei allem Ächzen unter der neuen Ordnung eine schauerliche Bedrohung (*horridus*). So ist Vergil in dieser Passage sehr weit davon entfernt, die «feurigen Kämpfe Caesars» episch zu verherrlichen, wie er als als *vates* in *georg.* 3,46–48 (S. 35) angekündigt hatte. Durch die Verheißung seines Jupiter verschließt Vergil die *saeva … arma* (1,295) besonders der Bürgerkriege möglichst dauerhaft im Janus-Tempel. Das mag man als weitere und sehr drastische *recusatio* eines zeitgeschichtlichen Heldenepos lesen. Die *arma* des *pius Aeneas* besingt Vergil dagegen, zumal er diesen literarischen Helden gerade nicht vom *Furor impius* etwa eines Achill getrieben sehen möchte, sondern im Prooemium als duldsames Opfer zahlreicher, ihm durch Junos Zorn aufgezwungener Kriege exponiert. Im Lauf der Kampfbücher wird Aeneas allerdings eine Wendung in Richtung des *Furor impius* nehmen (S. 115; 124–126).

Schon in Buch 1 ist die von Servius zur Maxime erhobene Analogie zwischen Aeneas und Augustus also nicht bruchlos evident. Doch dies bleibt nicht das letzte Worte der *Aeneis* zu Augustus. Im sechsten Buch und damit kurz vor dem Mittelpunkt des klassisch ponderierten epischen Gesamtkonstrukts kommt der prophetische Durchblick auf die Zeit des Dichters und des Herrschers nicht vom höchsten Himmel, sondern aus dem Totenreich, näherhin dem Elysium. In seiner prophetischen Rede stimmt das Seelenphantom von Aeneas' Vater Anchises einen Hymnus auf Augustus an. In dieser Prozession der Römerhelden (zu deren Auftreten in der Mehrzahl siehe oben zu *georg.* 2,170–176) ist Augustus gleich nach den Königen von Alba Longa, Romulus und dem vergöttlichten Adoptivvater Julius Caesar (*Aen.* 6,788–790) an der Reihe (*Aen.* 6,791–800):

Das ist der Mann, ja das, dir verheißen zum öfteren Hören,
Augustus Caesar, des Gottes Spross, golden gründet
er die Epoche erneut in Latium, Königsgefilden
des Saturnus von einst, über Garamanten und Inder
wird er erweitern sein Reich; sein ist jenseits der Sterne
die Gegend,
jenseits der Jahres- und Sonnenbahnen, wo Himmelsfuß Atlas
Kuppelgewölbe schultert und dreht, wo die Sternenglut aufruht.
Vor dessen Ankunft ist jetzt bereits den kaspischen Reichen
nach dem Bescheid der Götter zum Schaudern
wie Maeotis' Gegend
und an den sieben Armen bibbert die Mündung des Nilus.

In *Aen.* 6,792 wird die *Aeneis* insofern zum augusteischen Gedicht, als der Herrscher erstmals ausdrücklich mit seinem Ehrentitel «Der Mehrer, der Ehrwürdige, der Erhabene, die Hoheit» angerufen wird. Diesen hatte ihm nach dem von ihm verkündeten Ende der Bürgerkriege und der demonstrativen Rückgabe der Sondervollmachten am 13. Januar 27 v. Chr. der Senat verliehen. Diese Vorgänge beschreibt Augustus selbst in *RGDA* 34. Die alternativ angebotenen Auszeichnungen als Romulus oder Quirinus hatte er zuvor abgelehnt. Vergil rückt den Princeps gleichwohl, wie schon in seiner Jupiter-Prophetie, in ein Näheverhältnis zu Romulus als dem ursprünglichen Bauherrn der Stadtmauern, Begründer der hohen Gesinnung und auch bereits des Weltreichsgedankens der *incluta Roma* (*Aen.* 6,777–783, hier 781), also für das «viel besungene» Rom. Mit diesem Epitheton bietet Vergil nicht nur politische Transparenz auf Augustus als Neubegründer des vom Bürgerkrieg zerrütteten Rom und Mehrer seines Imperiums, sondern regt auch eine metapoetische Lektüre an. Diese Reflexion über Formen und Grenzen des epischen Besingens römischer Macht und römischer Machthaber durchzieht nun ebenfalls die oft zitierte Zukunftsvision aus dem Elysium. Ein vergleichender Blick zurück auf die olympische Prophetie Jupiters, der damit seine besorgte Tochter Venus beruhigt, schärft den Blick für die Eigenart der Prophetie des Anchises: Diese ist bei aller anachronistischen Außenwirkung auf spätere Öffentlichkeit doch merklich am Horizont des primären Adressaten Aeneas ausgerichtet. Als ein diesen Flüchtling ansprechendes Leitthema lässt sich die Verbindungslinie zwischen Ost und West erkennen: Anchises ist es wichtig, auf die nach Abstammung («aus Assaracus' Geblüt») und Namen «Ilia» trojanische Herkunft von Romulus' Mutter zu verweisen (6,778–779). Den sprichwörtlichen Heldenreichtum Roms (6,784 «glücklich durch Nachwuchs an Helden»), der als solcher den *vir* Aeneas reproduziert, veranschaulicht der Sprecher ausgerechnet durch einen epischen Vergleich mit dem «Götterkindersegen» (6,786 glücklich durch Götterkinder) der orientalischen Göttin Cybele. Diese gelangt nach den Aeneaden, in Gestalt eines Kultsteins, im Jahr 204 v. Chr. aus Phrygien ebenfalls nach Italien, wo sie fortan verehrt wird. Sie übernimmt an dieser Stelle, an der man als segensreiche Attribute Altehrwürdigkeit, Fruchtbarkeit und Beschützertum assoziieren kann, die Rolle der Göttermutter, die in der griechischen Mythologie Zeus' Mutter Rhea zukommt.

Den Aufmarsch der Seelenphantome, die sich zur *gens Romana* (Geschlecht der Römer) inkarnieren werden, könnte man mit dem Bildprogramm eines Prozessionsreliefs vergleichen, wie es Augustus prominent in seinen Friedensaltar (*Ara pacis*) einfügte. Doch die Zukunftsbilder von Augustus, die Vergil seinen Anchises vor den geistigen Augen der Rezipienten entfalten lässt, wären eher für eine *Ara belli* (Kriegsaltar) geeignet: Zwar wird der julische «Göttersproß» Augustus Caesar als Wiederbegründer eines Goldenen Zeitalters für Latium angesprochen, wo im mythischen Goldzeitalter Jupiters Vater Saturn (Kronos), Rheas Gemahl, herrschte (*Aen.* 6,792–794 a). Damit geht Vergil weiter als in 1,291 und lässt die Milderung der harten Bürgerkriegszeiten in einem bereits fortgeschrittenen Stadium erscheinen. Von einem Lobpreis eines neuen Paradieses auf Erden, wie er es als bukolischer *vates* in *ecl.* 4 verheißt, ist diese knappe Ankündigung weit entfernt. Aufhorchen lässt auch die Wortwahl: *condere* bezeichnet zu Beginn der *Aeneis* (1,33) den langwierigen, mühevollen und entbehrungsreichen Prozess der Schaffung und Festigung derjenigen *gens Romana*, auf die Anchises gerade verwiesen hatte (6,788), um den Sohn zur Betrachtung dieser

Früchte seiner wahrhaft heldenhaften «Schwerstarbeit» (*moles*) zu ermuntern. Durch den intertextuellen Bezug scheint Vergil anzudeuten, dass die Vergoldung der eisernen Zeit eine ähnlich langwierige und mühsame Aufgabe sein könnte. In poetologischer Hinsicht kann *condere* auch «dichterisch darstellen» bedeuten, wie oben in *ecl.* 6,7 über die von Tityrus/Vergil als Thema abgelehnten *tristia bella* des Varus gesagt. Selbst im sechsten Buch der *Aeneis* bleibt Vergil auch bei der Aussage der *Georgica*, die «feurigen Kämpfe Caesars» noch nicht poetisch auszubreiten. Stattdessen führt er, wieder ähnlich wie in den *Georgica*, die überragenden Kriegserfolge des Princeps in fernsten Ländern vor Augen (vgl. bes. 6,795 *iacet* in der prägnanten Bedeutung *subiecta est*). Bemerkenswert ist, dass die bereits in der Jupiter-Prophetie anklingende Übersteigerung der Reichsausdehnung ins Mythische resp. Utopische (vgl. *Aen.* 1,287; 6,782) hier zu einem gewaltigen Panorama mit geographischen und astronomischen Markierungen der Randzonen der damals bekannten Welt, der *Oikumene*, erweitert ist. Diese poetische Technik hatte Vergil ja schon als Landbaulehrdichter durch die Annäherung Octavians an Alexander erprobt (S. 29 f. zu *georg.* 2,170–176). Nicht von ungefähr tauchen die *arva* als Gefilde des «echten» Goldenen Zeitalters unter Saturn wieder auf und rufen dem kontinuierlichen Rezipienten Vergils Bekenntnis zur Dichtung über *arvorum cultus* am Anfang des Schlusssiegels *georg.* 4,559 in Erinnerung. Wenn nun aber in Anchises' Prophetie alle noch so weit entfernten Weltregionen vor der vielfach prophezeiten Ankunft des Augustus als Weltherrscher geradezu erschaudern (Aen. 6,799), so ist dies ein starkes und für Vergil unerhörtes Bild. Es gewinnt im Weiteren an Plastizität durch die Überordnung des Eroberungsradius von Augustus sogar über die ‹weltenverbindenden› (Halb-)Götter Hercules als Monsterbezwinger und Liber/Bacchus als erfolgreichen ‹Wein- und Rauschmittelimporteur›. So werden die Eroberungskriege zwar als Kulturleistungen maskiert und durch mythologische Glanzstücke legitimiert. Doch mit einem neuen Goldenen Zeitalter sind diese Visionen kaum vereinbar. In der Ausgestaltung der Anchisesprophetie als Durchhalterede an seinen Sohn sind solche rhetorisch motivierten Umgewichtungen und Überzeichnungen aber sehr wohl am Platz. Handlungsintern dient die Divinisierung des römischen Weltreiches der Bestärkung des vor der Landung in Ausonien (konkret: in Latium) womöglich ängstlich zaudernden Aeneas (*Aen.* 6,806–807). Externe Rezipienten könnten die vielschichtige hymnische Belobigung des Herrschers mit der Realität des Jahres 19 v. Chr. vergleichen. Sie könnten dann feststellen, dass Vergil dem Urvater Anchises zwar eine grandiose «Reichsidee» und ‹augusteisch› anmutende Geschichtsdeutung in den Mund legt, diese aber in entscheidenden Punkten aus der Sicht des Dichters gerade kein *vaticinium ex eventu*, sondern sein *vaticinium ex venturis* (eine Vorhersage aus dem Künftigen) darstellt. Die dichterische Souveränität äußert sich nicht zuletzt im Ungewöhnlichen, in den Vergleichen mit Hercules und Bacchus, die den Leser aus der Weltpolitik gezielt wieder in die ländliche Sphäre der früheren Werke entführen. Auch in dieser herrscht freilich alles andere als paradiesischer Friede.

Eine ähnliche Gestaltungsweise wählt Vergil auch in dem Textgebilde, in dem innerhalb der *Aeneis* die letzten namentlichen Erwähnungen des Caesar Augustus erfolgen: In der Schildbeschreibung des achten Buches, die zu den besonders häufig gedeuteten Abschnitten des Gesamtwerkes zählt, scheint Vergil einer Einlösung seines Versprechens aus *Georgica* 3, die «feurigen Kämpfe» des großen Caesar heldenepisch zu monumentalisieren, am nächsten zu kommen. Und doch führt eine tiefschürfende, intertextuelle und für Zwischentöne empfängliche Lektüre auch hier zu folgendem Ergebnis: Die poetische Beschreibung von Vulcanus' göttlichem Schildkunstwerk in Form einer epischen Ekphrasis ist gewiss als Gipfelpunkt der Durchblicke aus der mythischen Handlungswelt in die zeithistorische Gegenwart der Werkentstehung angelegt. Gleichwohl bleibt sich Vergil auch in diesem Fall insoweit treu, dass er die Augustuspanegyrik durch mehrere Ebenen der distanznehmenden Perspektivierung mit der Souveränität des *vates* einbettet: Als museninspirierter epischer Erzähler setzt er den Seesieg von Octavian und Marcus Agrippa über Marcus Antonius bei Actium

(2.9.31 v. Chr.) im Golf von Ambrakia, einen Wendepunkt der römischen Geschichte, weder in direkter Form (etwa in einem Binnenprooem nach dem Vorbild der *Georgica*) noch als epischen Vergleich oder Analogie in Szene. Auch legt er den Ausblick, anders als in Buch 6, nicht einer handelnden Figur des Epos als Prophetie in den Mund oder greift zum Mittel einer prophetischen Traumerscheinung. Vielmehr bietet der Großabschnitt am Ende des achten Buches (*Aen.* 8,608–731) eine Schilderung des Herstellungsergebnisses von Vulcanus' romprophetischem Schild. Indem der Erzähler durch die namentliche Identifikation der im Kunstwerk mimetisch dargestellten Personen und die Ausdeutung der Bildthemen die zahllosen Leerstellen des *ignarus Aeneas* (vgl. 8,730) aus der Sicht des wissenden Nachgeborenen auffüllt, wird er zum Deuter nicht nur eines *vaticinium ex eventu*, sondern eines *vaticinium ex artificio* (Vorhersage aus dem Kunstwerk). Durch den Medienwechsel von den prophetischen Stimmen des Jupiter (Buch 1) und Anchises (Buch 6) zu den deutungsoffeneren und mithin stärker auslegungsbedürftigen prophetischen Bildern Vulcans (Buch 8) baut er in sein ohnehin vielschichtiges episches Gebäude eine zusätzliche Vermittlungsebene ein. War Augustus bei Anchises in Buch 6 im Umfeld der römischen Urkönige und des Romulus an den Anfang der römischen Geschichte versetzt worden, so bildet er auf Vulcans Schild den krönenden Abschluss: Nach einer Serie von Einzelszenen zu Wegmarken der römischen Geschichte ist recht unvermittelt und vage «dazwischen» (8,671 *haec inter*) ein wogendes und mehrfarbiges Meeresbildnis eingefügt (8,671–674). Mit der idyllischen Szenerie der lebenslustig hüpfenden und schwimmenden Delphine steht das mittig (8,675 *in medio*, wie in *georg.* 3,16 über Vergils metaphorischen Tempel als Standort des Caesar) sichtbare Bild der waffenstarrenden feindlichen Flotten in krassem Gegensatz. Von den menschlichen Handlungsträgern tritt dem poetischen Schildexegeten (und letztlich sprachlichen Verfertiger desselben) wie auch dem zukunftsunkundigen Aeneas nun als erster Augustus vor Augen (*Aen.* 8,678–681):

Hier ist Augustus, er führt die Italer zur Schlacht als ihr Caesar
mit den Vätern, dem Volk, den Penaten und Größen
von Göttern,
stand auf erhabenem Heck, und doppelt sind Schläfenflammen
fröhlich erstrahlt, von seinem Vater geht oben der Stern auf.

Auf dem Schildbild erscheint Augustus Caesar mit seinem ihm erst vier Jahre nach der Seeschlacht verliehenen Ruhmestitel, also mit schon proleptisch vorweggenommener Siegerehrung. Er befindet sich in engster Nähe zu denjenigen menschlichen *proelia* (Gefechten), deren dichterische Darstellung Vergil etwa in *ecl.* 6,3 und *georg.* 4,5 noch von sich gewiesen hatte. Allerdings erscheint er mehr als symbolischer Oberbefehlshaber denn als realer Flottenkommandant. Als «Anführer der Italer» verkörpert er gewissermaßen die «gute, westliche Seite» in der Auseinandersetzung, die in der Bildexegese tatsächlich im Sinn der augusteischen Geschichtspolitik zum ‹Weltkrieg› zwischen Orient und Okzident stilisiert erscheint. Vers 679 bringt die innere Eintracht von Senat, Volk und Göttern ebenfalls symbolhaft als Voraussetzung für siegreiche Durchsetzungskraft zum Ausdruck. Der exponierte Standort des Augustus-Bildes auf dem Heck unterstreicht seine «Erhabenheit», zumal die wundersamen Schläfenflammen und das über ihm erstrahlende Gestirn des vergöttlichten Adoptivvaters, das *sidus Iulium*, den Herrscher doppelt in die olympische Sphäre entrücken. Die bildgewaltige Apotheose im Vorgriff hatte Vergil in *Aen.* 1,290 und 6,789–792, hier 792 *divi genus* vorbereitet. In der folgenden Ekphrasis der Kampfformationen wird bei den antithetischen Akteuren Agrippa (8,683) und Antonius (8,685) jeweils die im engeren Sinn militärische Führung stärker betont als bei Augustus selbst. Dieser Befund passt zu den historischen Berichten: Diesen zufolge war M. Vipsanius Agrippa (um 64/63–12 v. Chr.), Jugendfreund, Gefolgsmann und ab 21 v. Chr. Schwiegersohn des Octavian, für die Kämpfe zur See verantwortlich, während Octavian das Landheer kommandierte. Agrippa war es auch, der Antonius' Flotte bei Actium in einer über viermonatigen Blockade auszumanövrieren vermochte und der dann am 2.9.31 den Ausbruchsversuch der riesigen Kampfschiffe des Antonius vereitelte. Daraus erhellt, dass die Kampfbilder auf dem Schild eine stark mythisierte Ausdeutung der historischen Ereignisse vorführen. So ist das eigentliche Aufeinandertreffen der als gigantisch bezeichneten Flotten gleichnishaft verdichtet, um in dem grausigen Bild vom blutroten Meer zu gipfeln (8,691–695). Der Schwenk auf die ägyptische Königin, natürlich Cleopatra, deren Namen der Bildinterpret geflissentlich ausspart, setzt endgültig die Überzeichnung der historischen Seeschlacht zu einem wahrhaft epischen Krieg der olympisch-römischen Götter gegen die zu tiergestaltigen «Götzen» herabgesetzten Götter des Orients ein (8,696–703). Nach der hastigen Flucht der todgeweihten Cleopatra zu den «Schlupfwinkeln des Nils» folgt ein zeitlicher und örtlicher Sprung. Die nächste Szene blendet den strahlenden Sieger im festlich herausgeputzten Rom des Jahres 29 v. Chr. ein. (*Aen.* 8,714–716; 720–723):

> Caesar, Dreifachsieger, fährt ein in Rom im Triumphzug
> durch die Mauern, an Götter Italiens auf immer vergab er
> riesige dreihundert für ganz Rom geheiligte Stätten.
> ...
> Selber sitzt er auf weißer Schwelle des strahlenden Phoebus,
> Gaben besieht er von Völkern und macht sie fest an den hohen
> Türpfosten; Reihen und Zug der besiegten Völker sind lange,
> wie verschieden durch Sprache, so durch Gewandung
> und Waffen.

War Vergil in der Prophetie von *georg.* 3,17–18 als symbolischer Triumphator in Erscheinung getreten, so ist es nun in größerer Nähe zur historischen Wirklichkeit Caesar (Augustus), der sich eines mehrfachen menschlichen Triumphes annimmt. Dies hatte der *vates* der *Georgica* bereits in 1,504 festgestellt. Der diachrone Bezug des Schildbildes auf den dreifachen Triumph, den Octavian im Jahr 29 v. Chr. am 13., 14. und 15. Tag des Sextilis, des Monats feierte, der erst viele Jahre später zu seinen Ehren in August umbenannt wurde, ist klar markiert. *RGDA* 4 berichtet über die drei kurulischen Triumphe des Jahres 29 zur Feier der Siege über die Pannonier und Dalmatier, des Seesiegs bei Actium und der Eroberung Ägyptens. Doch durch das Aufrufen seiner eigenen epischen Bildprogramme schafft es

Vergil, den dreifachen Triumphator direkt in seine *Aeneis* einzuholen. So hält er siegreich Einzug (vgl. Liber in *Aen.* 6,804–805) in den programmatischen «Mauern der hohen Roma», die er als Zielpunkt des Prooemiums gesetzt hatte (*Aen.* 1,7; ähnlich in der Jupiter-Prophetie 1,264). Sodann stellt Vergil den Triumphator Caesar als *pius victor* seinem *pius Aeneas* typologisch an die Seite: Den ihm gnädigen olympischen, hier bezeichnenderweise «italischen» Göttern (vgl. *georg.* 1,498), weiht er pflichtschuldig «dreihundert» kostbare Gotteshäuser. Augustus beschränkt sich bei der lapidaren Aufzählung der von ihm neu errichteten Tempelanlagen in Rom auf etwa fünfzehn Heiligtümer (*RGDA* 19). Das Thronen auf der strahlenden Schwelle des Apollontempels deutet klar auf den in unmittelbarer Nachbarschaft zu seinem Privathaus auf dem Palatin errichteten neuen Apollontempel, den Augustus in *RGDA* 19 an prominenter Stelle hervorhebt. Da dieser indes erst über ein Jahr nach dem dreifachen Triumph geweiht wurde, erkennen die Interpreten in Vergils Schildszene zutreffend «phantastische» Ausschmückungen. Dies gilt auch für das Defilee der besiegten Völkerschaften vor Schwelle und Türpfosten von Apoll und Augustus, die hier geradezu eine Einheit bilden. Der historische Augustus berichtet, bei seinen «Triumphzügen seien mitgeführt worden vor seinem Wagen Könige und Königskinder neun an der Zahl» (*RGDA* 4). Darunter sollen sich die Kinder von Cleopatra und Antonius, Alexander-Helios und Cleopatra-Selene, befunden haben. Deren Mutter dagegen findet auf Vergils Schildbild schon davor ihr mehrfach symbolisch vorweggenommenes, selbstbestimmtes Ende durch Schlangengift (*Aen.* 8,697; 709–710).

Die Ehrung Caesars mit dem Titel «Augustus», sein triumphaler Einzug, die Befestigung der Geschenke der besiegten Völker an den hohen Pfosten seines «Nachbarn» Apoll, welche die irdische Gottesnähe des Herrschers zeichenhaft festschreibt, auf dem Schildbild lässt sich durchaus als stolzes poetisches Gegenstück zu dem realen Goldschild lesen, der Augustus im Jahr 27 v. Chr. verliehen wurde (vgl. *RGDA* 34).

Wenn allerdings bei Vergil die betont an den Schluss von

8,723 gerückten Waffen (*armis*) der besiegten Völker nur noch als Votivgaben für die Götter, nicht mehr als Kampfinstrumente dienen, so ist damit auch die Botschaft an den Herrscher verbunden, mit seiner Friedenspolitik nach dem Ende der blutigen Schlachten wirklich ernst zu machen. Im Rahmen der internen Handlung des achten Buches ist der seinerseits von seinem göttlichen Stiefvater Vulcanus mit dem prophetischen Schild bedachte und entsprechend geehrte Aeneas noch weit entfernt von solcher Sieghaftigkeit. Bestärkt fühlen kann er sich durch die in dauerhaftem Triumph teleologisch gipfelnde Bilderfolge freilich auch dann, wenn ihm hier der Bilderklärer fehlt, vgl. *Aen.* 8,729–731:

> Solches kann er auf dem Schild Vulkans, der Gabe der Mutter,
> anstaunen, sich ohne Sachkenntnis an Bildern erfreuen,
> und er hebt auf die Schulter das Lob und das Los seiner Erben.

Die Verbindungslinie zwischen Aeneas und Augustus unterstreicht Vergil durch weitere Bezüge: Der Sieger Augustus nimmt vor dem Tempel seines Gottes Apollo die Ehrengaben der von ihm eroberten Völker in Augenschein (8,721). Ebenso bestaunt Aeneas an der Gabe seiner göttlichen Mutter, dem Werkstück von deren ebenfalls göttlichem Gatten Vulcanus, denjenigen historischen Bilderreigen, den Vergil soeben auf seinem poetischen Schild für Augustus entwickelt hatte. Anders als Augustus, ist Aeneas noch *rerum ignarus*, also trotz der väterlichen Eröffnungen in *Aen.* 6 ohne hinreichend spezifische Sachkenntnis der künftigen römischen Geschichte, um die Sinnbilder selbst vereindeutigend zuordnen zu können. Er ist aber auch *rerum ignarus* in dem Sinn, dass er als besiegter und flüchtiger Trojaner noch keine Erfahrung mit den ein *imperium* (neu) begründenden Siegen gewonnen hat, für die sein späterer «Erbe» Augustus auf dem Schild und im Gedicht geehrt wird. In letzterem nimmt das dem Aeneas Verheißene und von ihm voller Tatendrang und neuer Zuversicht «geschulterte» «Lob und Los seiner Erben» (8,731) Gestalt an. Die in 1,262 erwähnten «Schicksalsgeheimnisse» werden weiter enthüllt und aus der Sicht des Künders untrennbar mit der durch den epischen Sänger geschaffenen und vermittelten *fama* vereinigt. So gelesen, entfaltet *famamque et fata* als Kennwort für das epyllienähnliche Schildgedicht wie für dessen größeren Rahmen der *Aeneis* Bildgewalt. Die Leserschaft des Epos sollte das Staunen (*miratur*) ihres «Urvaters» Aeneas und auch dessen ursprüngliche Freude (*gaudet*) an der poetischen Bildmächtigkeit noch nicht eingebüßt haben.

5. Dodekalog: Zwölf Bücher – zwölf Heldengeschichten

Das epische Gebäude, das auch den Schild des achten Buches birgt, kann der durch die bisherigen Interpretationen geschulte und sensibilisierte, lineare Vergil-Leser als ein Heldenepos in zwölf kleineren Stücken neu bestaunen lernen. Die vom Programmhelden des Überlebens, Aeneas, personal und strukturell verklammerte Handlung verstrickt nacheinander zwei Heroinen und zehn Heroen in tragische Beziehungsgeflechte mit vielfach tödlichem Ausgang. Der Weg der Aeneaden wird somit zur Heldenreise einer Großmacht, für deren Begründung, Festigung und Verstetigung beeindruckende Persönlichkeiten der eigenen wie der feindlichen Seite, Helferfiguren wie Gegenspieler, auf der Strecke bleiben müssen. Die *Aeneis* ist als Gesamt-Opus merklich auch um *famamque et fata* (Ruhm und Schicksale) dieser Begegnungsfiguren besorgt.

5.1 Der Held und seine Mission: Aeneas

Im Eröffnungsbuch des Epos durchlebt der Titelheld bereits eine in sich geschlossene epische Irrfahrer-Geschichte auf der Grundlage des *Nostos* (Heimkehr), die auf die Epyllien-Länge verkürzt und verdichtet erscheint. Im Programmteil des Prooemiums sind Ausgangs- und Zielpunkt der Erzählung abgesteckt

(S. 6–8). Der Sänger ruft angesichts der Größe dieser Aufgabe (*Aen.* 1,8–11) seine Muse an, ihm die Gründe für den Widerstand der «Götterkönigin» (Juno) darzulegen. Die als Musenantwort inszenierte Erklärung bietet nun eine doppelte Ursachenergründung. Diese blickt sowohl nach vorn als auch zurück und verdeutlicht insofern die Grundkonzeption der *Aeneis* insgesamt beispielhaft (*Aen.* 1,12–33): a) «Prophetisch» erscheint Junos ängstliche Sorge um eine künftige Bedrohung für ihre Lieblingsstadt Karthago durch die übermächtigen römischen Erben Trojas. Die königliche Führungsmacht scheint bei den Römern gewissermaßen kollektiviert. Darin klingt ein Grundton der gesamten *Aeneis* an. b) «Historisch» zurückblickend wird Junos unbändiger Trojanerhass auf ihre Traumata im Zusammenhang mit dem trojanischen Krieg, ihre Zurücksetzung im Parisurteil wie im Fall «Ganymed» zurückgeführt. Hier gibt Vergil zu erkennen, dass er den epischen Kyklos um Troja insgesamt als Vorgeschichte in die Handlung seiner *Aeneis* eingewoben hat.

Nach dem Fazit des Groß-Prooems (1,33 «Solche Schwerstarbeit war es, Rom zu begründen als Volksstamm») schreitet die Handlung in drei Blöcken voran: Diese könnte man überschreiben mit 1) «Götterhass, Lebensgefahr und nacktes Überleben» (1,34–222), 2) «Ewige göttliche Schutzgarantie» (1,223–304) und 3) «Königliche Beschirmung» (1,305–756).

1) Der erste Block deutet Leitthemen der *Odyssee* wie Seesturm und Schiffbruch neu. Aeneas erscheint ganz zu Beginn der über ihn erzählten Geschichte in der Rolle des leidgeprüften «Dulders» Odysseus, der «sämtliche Kameraden verloren hatte» (Hom. *Od.* 2,174) und am Ende seiner Irrfahrten als Spielball göttlicher Mächte völlig verlassen bei Kalypso und dann erneut bei den Phaeaken strandet. Doch im Fall des Aeneas bleibt es bei dieser Versuchsanordnung und einer vermeintlichen Gott- und Menschenverlassenheit. Diese erklärt Vergil mit einem Intrigenspiel und Machtpoker unter den höchst befangenen Gottheiten, der weit komplexer als in der *Odyssee* ausgestaltet ist: Angesichts der glücklich begonnenen Fahrt der Trojaner auf ihrer letzten Etappe von Sizilien nach Italien beklagt

Juno in einem in heißem Herzen aufwallenden Selbstgespräch ihre Erniedrigung (1,34–49). Sie macht den ihr willfährigen Windgott Aeolus zum Werkzeug ihres Hasses (1,50–80).

Aeolus lässt sämtlichen Winden freien Lauf: Finsternis, Sturm und Blitze schockieren die Trojaner: In tiefster, existentieller Erniedrigung, Todesangst und Verlassenheit preist Aeneas die vor Troja Gefallenen selig, denen ein ehrenvoller Tod vergönnt gewesen sei. Die Flotte der zwanzig Schiffe wird zersprengt. Einige Schiffe wie das des Orontes mit Sack und Pack und den «Waffen der Männer» (*arma virūm*; vgl. *georg.* 2,174) halten dem Sturm nicht stand (1,81–123). Der von Junos Intrige überrumpelte Neptun gebietet den Winden durch ein Machtwort Einhalt und rügt die Kompetenzüberschreitung des Aeolus. Nun greift der Erzähler erstmals in seiner *Aeneis* zum typisch epischen Formelement des ausgearbeiteten Vergleichs (1,142–156). Die Beruhigung des Meeresaufruhrs durch den Lenker dieser Weltregion veranschaulicht er mit der plötzlichen Eindämmung eines gewaltsamen Aufruhrs der niederen Schichten in einem großen Volk: Hier bringe der bloße Anblick eines Mannes, dessen Einfluss sich auf *pietas* und Glanzleistungen gründe, die Meute zum Stillstand. Der Rückbezug von 1,151 auf 1,10 schreibt indirekt Aeneas solche Qualitäten zu. Da der Verweis auf ein «großes Volk» die prospektive Sicht unterstützt, lässt sich das Gleichnis wie eine Lektüreanleitung für diejenigen Durchblicke von der mythischen in die historische Sphäre lesen, die für die *Aeneis* typisch sind (1,124–156). Dem epischen Geschehen ist mithin die politische Allegorie als Deutungsebene eingeschrieben (Kap. 4).

Die überlebenden Aeneaden stranden völlig erschöpft in Libyen (1,158 verweist auf 1,22 zurück) und finden dort einen natürlichen Hafen als sicheren Landeplatz. Aeneas erkundet die Gegend, hält vergeblich nach weiteren Überlebenden Ausschau, erlegt auf der Jagd sieben Hirsche (je einen pro Schiffsbesatzung) und spricht Worte der Ermutigung und Verheißung zu den Gefährten. Die dem Tod im Meer Entronnenen stärken sich beim gemeinsamen Mahl und gedenken ihrer ertrunkenen Kameraden (1,157–222).

2) Der zweite Block bietet eine Götterszene (1,223–304). Diese variiert das Muster der Götterversammlung gleich nach dem Prooemium der *Odyssee* (Hom. *Od.* 1,22–95) oder auch in deren fünftem Gesang (Hom. *Od.* 5,1–42). Wie sich dort Athene bei Zeus für ihren allzu lange von der Nymphe Kalypso festgehaltenen Schützling verwendet, so hier Venus für ihren durch Juno von seiner Neugründungsmission abgehaltenen Sohn. Indem Vergil die – sich auch auf das Kollektiv der Aeneaden erstreckende – Mutterliebe der Aphrodite aus der *Ilias* mit den Bittgesuchen der Meeresgöttin Thetis bei Zeus für ihren halbgöttlichen Sohn Achill (Hom. *Il.* 1,488–530) übernimmt, deutet er im Sinn einer Exposition Folgendes an: Die *Aeneis* verschränkt *Ilias* und *Odyssee* auch hinsichtlich der personalen und motivationalen Verbindungen zwischen göttlicher und menschlicher Handlungsebene. Die Abweichungen von diesen vorausliegenden Werken sind mit Bedacht markiert, etwa wenn der Odysseus beständig grollene Poseidon/Neptun hier als Besänftiger der Stürme und Lebensretter der Aeneaden handelt. Venus umgarnt sogleich unter Tränen ihren Vater Jupiter: Er möge den maßlosen und unverdienten Leiden ihres Sohnes Aeneas ein Ende setzen und ihn ins vom *fatum* verheißene «gelobte Land» Italien gelangen lassen (1,223–253). Jupiter spendet der geliebten Tochter lächelnd und küssend mit einem prophetischen Machtwort Trost (1,254–296) (S. 44–48).

Nach der Götterversammlung der *Odyssee* begibt sich Athene persönlich nach Ithaka, um in verwandelter Gestalt Odysseus' Sohn Telemach zu Heldentum und Vatersuche zu erwecken (Hom. *Od.* 1,87–112). Nach der olympischen Vater-Tochter-Szene der *Aeneis* entsendet Jupiter seinen Boten: Mercur soll in Karthago die freundliche Aufnahme der Trojaner durch die raubeinigen Punier und ihre Königin Dido sicherstellen. In der *Odyssee* bricht Hermes mit einem gegenläufigen, auf Odysseus' Abreise zielenden Auftrag erst im fünften Buch zu Kalypso auf, obwohl Athene dies schon in *Od.* 1,84–87 als dringlich anmahnt (1,297–304).

Venus scheint dieser Maßnahme allein nicht zu vertrauen. Denn sie reist ohne ausdrücklichen Befehl Jupiters persönlich in das karthagische Küstengebiet. Ihre Bewegung im Raum der Erzählung stellt damit die Verbindung zum Block 3 her (1,305–756):

3) Auf ihrem morgendlichen Erkundungsgang durch das nach dem ersten Eindruck unzivilisierte Küstengebiet (1,308 *inculta*) treffen Aeneas und Achates auf Venus, die sich in eine jungfräuliche Jägerin verwandelt hat. In dieser bukolischen Waldszenerie ersucht Aeneas das ihm göttlich erscheinende Mädchen um Auskunft, wo sie sich eigentlich befänden. Sie unterrichtet Aeneas über die Neugründung Karthagos und die Geschichte der Königin Dido. Aeneas stellt sich seinerseits als weithin bekannter *pius Aeneas* vor (1,378) vor und klagt sein Leid. Venus tröstet ihn durch Ausdeutung eines Schwarms von zwölf dem Adler entkommenen Schwänen als günstiges Zeichen für die Rettung der Kameraden – ganz anders als bei Odysseus! Auch ermuntert sie ihn zum Freundschaftsbund mit Dido. Erst im Weggehen zeigt sie sich in wahrer Gestalt. Als Aeneas seine Mutter erkennt, beschwert er sich bitterlich über ihr ständiges Versteckspiel. Auf ihrem Weg zu den Mauern der neuen Stadt macht Venus wie Athene den Odysseus auf seinem Weg in die Phaeakenstadt (Hom. *Od.* 7,14–17) ihre Schützlinge durch dichtes «Nebelgewand» unsichtbar (1,305–417).

Aeneas und Achates beobachten die geschäftige Aufbauarbeit in der entstehenden Stadt. Sie betreten einen Hain mit einem prachtvollen Junotempel, an dessen Wänden viele Szenen aus dem trojanischen Krieg «der Reihe nach» zu bestaunen sind. Die aus der Perspektive des erkennenden, weil am Geschehen vordem beteiligten Betrachters Aeneas geschilderte retrospektive Ekphrasis bietet eine Kurzfassung des epischen Kyklos bis hin zu den nachiliadischen Stationen der *Aithiopis* (um die Hilfskontingente unter Memnon) und Penthesileas Amazonen. Der Anspielungshorizont reicht damit über die *Ilias* hinaus, hält aber vor der *Iliupersis*, dem Komplex der Zerstörung Trojas, an. Gleichwohl weckt die Bildidentifikation stärkste Emotionen bei Aeneas. Die Metzeleien des Kampfes lösen eine wahre Tränenflut aus. Nur dass der Krieg in der Bildkunst aufgehoben ist, spendet Aeneas Trost und wird in seinem berühmten Kommentar zu einem Lob der zivilisatorischen Macht von Kunst und Kultur: «Tränen gelten Geschicken (*sunt lacrimae rerum*), Mensch lässt sich durch Menschliches rühren» (1,462).

Dido nähert sich als Oberhaupt eines beeindruckenden Prozessionszugs dem Tempel. Der Erzähler hebt bei ihrem ersten Auftritt (1,496–497) ihre strahlende körperliche Schönheit und ihr riesiges Gefolge hervor und vergleicht sie mit Diana. Gebieterisch nimmt sie unter dem Vordach am Tempel Platz und ordnet das Recht (1,507 greift auf *georg.* 4,562 und *Aen.* 1,293 zurück). Da bemerkt Aeneas plötzlich seine verloren geglaubten Kameraden, die sich, von den Küstenbewohnern feindselig abgewiesen, schutzflehend an die Königin wenden. Als der greise Ilioneus sein Hilfsgesuch formuliert, gewährt sie umstandslos Unterstützung, bietet sogar gleichberechtigte Aufnahme in der neuen Stadt an und will nach Aeneas suchen lassen (1,418–578). Nun drängt es Aeneas und Achates zum Erscheinen. Venus entfernt die Umnebelung: Sie verjüngt und verschönt Aeneas wie Athene in der *Odyssee* den Helden bei Nausikaa (*Od.* 6,229–230) und Penelope (*Od.* 23,156–158) zur Gottähnlichkeit. So vergleicht ihn der Erzähler mit einem Standbild von der Hand eines Künstlers.

Als diese Lichtgestalt gibt sich Aeneas der Dido unter freundlichsten, für alle Zukunft gedachten Dankesbezeugungen zu erkennen. Dido, auf den ersten Blick von Aeneas' Erscheinung gebannt und von seinem Schicksal ergriffen, begrüßt ihn herzlich. Seine Herkunft und Geschichte seien ihr über Teucer, einen einstigen Verbündeten ihres Vaters Belus, bekannt. Sie begründet ihre Hilfsbereitschaft mit der Sympathie, die sich aus der Ähnlichkeit ihrer beider Geschicke ergebe, und geleitet ihn sogleich in ihren Palast. Dido lässt als Jubelgeschenke für die Aeneaden ganze Viehherden an den Strand bringen. Ihren Palast rühmt der Erzähler als luxuriös, indem er die in Gold getriebenen Bildnisse mit den Heldentaten ihrer Vorfahren hervorhebt (1,641 *fortia facta patrum*). Aeneas schickt Achates zu den Schiffen, damit er Ascanius hole und kostbare Gastgeschenke für Dido (einen Mantel der Helena mit goldenen Bildstickereien und ein Szepter der Ilione) mitbringe (1,579–656).

Junos Intrige in Block 1) setzt Venus nun gegen Ende der Handlung des ersten Buches eine ihr wesenseigene erotische Intrige entgegen. Venus wendet sich an Cupido (Amor) und eröffnet ihm, er möge Ascanius' Gestalt annehmen und sich Dido bei der Übergabe der Gastgeschenke auf den Schoß setzen. Sobald sie ihn umarme und küsse, solle er ihr verborgenes Leidenschaftsfeuer einhauchen. Auf dem rauschenden Willkommensfest wird wahrhaft königlich geschmaust und getrunken. Besonders Dido, hier erstmals prophetisch als *infelix* (Unglückliche) (1,712) vom Erzähler bemitleidet, kann sich am falschen Ascanius und den Geschenken gar nicht sattsehen. Dieser erfüllt getreu den mütterlichen Auftrag und schafft es nach und nach, Dido von der Anhänglichkeit an ihren verstorbenen Mann Sychaeus zu lösen und ihr schon liebesentwöhntes Herz mit Verlangen nach Aeneas zu entfachen (1,657–722). Das elegisch-bukolische Motiv der unglücklichen und unbesiegbaren Liebe, in *ecl.* 10 (S. 23–24) paradigmatisch an Gallus besungen, gewinnt mit dieser Stelle einen bestimmenden Platz im strukturellen Gefüge der *Aeneis*. Die in *georg.* 3,244 jeder Kreatur geltende Spruchweisheit des Landlehrdichters «Liebe ist allen gemeinsam (*amor omnibus idem*)» findet im Fall der majestätischen Überhöhung des Begehrens durch die Herrscherin Dido eine besonders fatale Ausformung.

Im Gegensatz zur Dido betreffenden Untergangsvorhersage des *vates* steht der Wunsch der Königin nach ewigem Segen für die Gemeinschaft der Tyrier und Trojaner, den sie feierlich beim Trankopfer für Jupiter, Bacchus und Juno äußert. Vergil schafft so die Kontrastfolie für ihre hasserfüllte Fluchrede am Ende von Buch 4. Buch 1 wird beschlossen durch die Wiedergabe des Gesangs, den Jopas über die Wunder des Universums anstimmt. Mit dieser Kurzfassung eines astronomischen Lehrgedichts im hellenistischen Stil, welche das tyrische Pendant zu den odysseeischen Sängerfiguren Demodokos (bei den Phaeaken) und Phemios (auf Ithaka) zum Besten gibt, könnte das Kurzepos über Aeneas enden, das Buch 1 erzählt. Den Titelhelden begleiten die Rezipienten von der tiefsten Erniedrigung bei Schiffbruch, Seenot und knapp vereiteltem, ruhmlosem Tod durch

Ertrinken kurz vor dem Erreichen seines schicksalhaften Zieles über die olympische Überhöhung und Unterstützung für die welthistorische Bestimmung seiner Nachkommen bis zur irdisch-weltlichen Erhöhung vom orientierungslos gestrandeten und weitgehend vereinsamten ‹Niemand› über den durch die halbgöttliche Herkunft und Leitfigur der Überlebenden aus dem geschichtsmächtig vernichteten Troja bereits monumentalisierten Helden zu einem von seinem weiblichen Schicksalspendant Dido zunächst mitfühlend, dann sogar liebend aufgenommenen Hoffnungsträger. Doch dieses «gute Ende» eines Kurzepos in Buchlänge ist trügerisch. Denn das Land, das die Aeneaden so überschwänglich als Mitbürger und Aeneas als Mitregenten empfängt, ist eben nicht ihr gelobtes Land. Daher weist der Erzähler Dido zum zweiten Mal das Beiwort (*Epitheton ornans*) *infelix* zu, wenn sie bei den sich in die Nacht hinziehenden Gesprächen eine «hartnäckige Liebesleidenschaft wie einen Gifttrank in sich schüttete» (1,749). Ihr Begehren äußert sich zunächst in immer kurzatmigeren und zudringlicheren Fragen über Kämpfer des trojanischen Krieges. In wörtlicher Rede bietet der Erzähler als Scharnier und Überbrückung zu Buch 2 und Buch 3 ihre Aufforderung an den Ehrengast, den zur Katastrophe Trojas führenden Hinterhalt der Danaer, also der homerischen Griechen, sowie seine siebenjährigen Irrfahrten zu berichten (1,753–756). Didos Bohren in Aeneas' tiefsten seelischen Wunden steht prospektiv für ihren Drang, sich dessen gesamte heroische Existenz durch Zuhören und Mitfühlen anzueignen und seine Vergangenheit mit ihrer eigenen zu vereinigen. Der *furor* von Buch 4 kündigt sich also hier schon an. Mit Blick auf den Handlungsgang setzt Dido als extrem involvierte, von Hörlust getroffene Rezipientin den entscheidenden Erzählimpuls für Aeneas' schmerzliche Erinnerungsarbeit der beiden folgenden Bücher.

5.2 Zwischen Herkunft und Zukunft: Laocoon

Das zweite Buch beginnt mit einem erzähltechnischen Neuansatz. Der vielgeplagte und in Karthago vorläufig gerettete Held wird vom Spielball widerstreitender göttlicher Interessen nun für zwei Bücher zum Herrn der Erzählung. Diese Wendung bekräftigt Aeneas' Binnenerzählungsprooem über erschütternde «Schicksalsschläge von uns» (*casus nostri*) und «Trojas Untergangsleiden» (*Troiae supremum ... laborem*) (2,1–12a). Diese emotionale und faktische Involviertheit des Binnenerzählers in seine Erzählung unterstreicht die von Entsetzen und Trauer geschwängerte Gestimmtheit dieses Rückblicks. Motivgeschichtlich greift Vergil damit die im kyklischen Epos entfaltete und besonders in der attischen Tragödie vielfach dramatisch neu interpretierte Thematik der «Einnahme und Zerstörung Trojas», der *Iliupersis*, auf. Mit der Fokussierung der kriegsentscheidenden List des Holzpferds als Idee und Werk des skrupellosen Intellektuellen Odysseus gestaltet er ein Thema des Gesangs von Demodokos bei den Phaeaken um. Dort diente die Geschichte als Identitätsausweis für den Titelhelden Odysseus, der sich durch seine tränenreiche Reaktion auf den ihn behandelnden Gesang letztlich zu erkennen gibt (Hom. *Od.* 8,469–586). Vergil deutet dieses aödische Meisterstück der *Odyssee* durch konsequente Einnahme der Opferperspektive in Aeneas' «Abenteuererzählungen» (griech. *Apologoi*) radikal um. Aus Odysseus' vielfach in märchenhaft-phantastische Lügengeschichten entweichenden «Alkinoos-*Apologoi*» (vgl. Platon, *Staat* 10,614b2) wird der schonungslose Augenzeugenbericht über abgründige Gräuel bei der hinterlistigen Einnahme einer lange vergeblich belagerten Stadt.

Aeneas' nächtliche Erzählungen vom Untergang seiner Heimatstadt lassen sich in ähnlicher Weise in drei Handlungsblöcke untergliedern und damit mit Richard Heinze als «Triptychon» begreifen wie das vom Erzähler vorgetragene erste Buch. Als verbindende Elemente betont Vergil 1) die Vernichtungsimpulse gegen Troja und seine Bewohner (in Buch 1 durch Juno, in

Buch 2 durch die skrupellosen Griechen und die mit ihnen im Bunde wirkenden Götter), 2) Zerstörungshandlungen (in Buch 1 der Seesturm gegen die Flotte der Aeneaden, in Buch 2 die Einnahme und Brandschatzung Trojas sowie die Tötung zahlreicher Trojaner) und 3) die Teilrettung durch das Entkommen einer mehr oder minder großen Gruppe, nämlich der in Karthago freundliche Aufnahme findenden Aeneaden in Buch 1, die sich in Buch 2 erst als derjenige Teil der Trojaner konstituieren, der durch göttliches Einwirken dem Inferno entrinnen kann.

1) Der erste Block rollt die unmittelbare Vorgeschichte der Katastrophe umfassend, mitreißend und ergreifend aus der Leidensperspektive der Tücke und Terror unterlegenen Trojaner auf (2,1–297). Aeneas schildert in einer Mischung aus seinerzeitigen Originaleindrücken und Deutung aus späterem Wissen den ersten Teil der tödlichen Intrige der Griechen (2,12–39): Nach dem Bau des gebirgsgleich riesigen Idols eines hölzernen Pferdes bemannen sie dieses verstohlen mit ausgelosten Kriegern und rüsten es so zur Geheimwaffe hoch. Es folgt der Scheinabzug in Richtung der von Troja noch einsehbaren Insel Tenedos (2,21 weist auf 1,34 zurück, wo die Aeneaden gerade aus dem einsehbaren Umfeld Siziliens entschwinden), wo sich die Griechen insgesamt wie ihre Vorkämpfer im Holzpferd unsichtbar zu machen suchen. Die Trojaner zeigen sich nach Jahren der Trauer maßlos erleichtert, öffnen die Stadttore und nehmen bereits mit der Aufmerksamkeit von ‹Schlachtfeldtouristen› das verlassene Lager und die Kampfschauplätze in Augenschein. Das unübersehbare Ungetüm (*moles*) des Holzpferdes sorgt sowohl für Erstaunen (2,32) als auch sogleich für Zwiespalt in der «Volksmenge» (2,39) darüber, ob dieses Griechengeschenk auf die Stadtburg geholt oder zerstört oder wenigstens auf Gefährlichkeit hin überprüft werden solle.

An dieser Stelle bringt Aeneas den eilends vom heiligen Berg, der *arx* der Stadt, zum Strand laufenden Laocoon, den Priester des Stadtgottes Poseidon/Neptun, ins Spiel. Diese Figur ist schon seit den frühesten Bezeugungen der *Iliupersis* mit dem Untergang Trojas auf das Engste verbunden. Die Tötung durch Umschlingung und Vergiftung durch Bisswunden, die ihm und einem oder beiden seiner Söhne plötzlich aus dem Meer heranrückende Schlangen beibringen, hat als Menetekel für die Verlorenheit der Stadt Troja wie als Aufbruchssignal für Aeneas und die Seinen ambivalente Aussagekraft gewonnen. Diese doppelsinnige Bedeutsamkeit und die strukturelle Prominenz in Aeneas' Erzählung erlauben es, die Tragik Laocoons, seiner Söhne und seiner Sache als Sinnbild für die Gesamttragödie der *Iliupersis* zu deuten, wie sie der entkommene Zeitzeuge Aeneas vor seinem mitfühlenden Publikum in Karthago entfaltet. So heißt es im Zeugnis des Historikers Dionysios von Halikarnassos (um 54 v. Chr. bis 8 n. Chr.) zur verlorenen Tragödie *Laokoon* des Sophokles (5. Jahrhundert v. Chr.):

> Sophokles hat als Tragödiendichter in seinem Drama *Laokoon* im Vorfeld der Einnahme der Stadt (scil. Troja) eine Szene gedichtet, in der Aineias mit Sack und Pack in Richtung Idagebirge aufbricht auf Weisung seines Vaters Anchises, der in Erinnerung an das, was Aphrodite ihm eingeschärft hatte, und unter dem Eindruck der soeben an den Laokoonabkömmlingen vollzogenen göttlichen Wunderzeichen den unmittelbar bevorstehenden Untergang der Stadt erschlossen hatte.

In der *Aeneis* gibt der Binnenerzähler selbst die kurze, aber schlagende Warnrede des Laocoon wieder: Schon die genugsam bezeugte Verschlagenheit des notorischen Tricksters Ulixes lässt das Gebilde als gefährliches Ungeheuer erscheinen, dem mit ängstlicher Vorsicht zu begegnen ist: «Was das auch ist, ich fürchte an Griechen auch schenkende Hände». Mit aller Kraft versetzt er dem Holzpferd einen heftigen Lanzenstoß in das Bauchgewölbe. Doch zum für Troja ungünstigsten Zeitpunkt lenkt eine weitere Sensation die Aufmerksamkeit von Laocoon ab und verhindert, dass dieser einen Umschwung zum Guten herbeiführen kann. Zum Pferd als ‹maschinellem› Trick fügten die Griechen nun einen menschlichen Faktor hinzu: Der junge Sinon, von ihnen in einer Mission in das scheinbar verschonte Troja entsandt, die ganz auf Odysseus' Charakter zugeschnitten ist, brilliert denn auch in einer Gattung, in der Odysseus Meister ist: Nach seiner Verhaftung durch die Trojaner vermag er sich in einer Trugrede als treuer Gefährte des von Odysseus durch einen ‹Justizmord› erledigten Palamedes zu fingieren. Als eine Art zweiter Iphigenie sei er durch die Griechen zum Abfahrtsmenschenopfer ausersehen worden und daher zum Feind geflohen. König Priamus persönlich gewährt ihm daraufhin freundliche Aufnahme. In geheuchelter Dankbarkeit erläutert Sinon den Trojanern das rätselhafte Holzpferd als griechisches Sühneopfer zur Wiedergutmachung des Palladiumraubs. Aeneas kommentiert empört, dass die Gutgläubigkeit seiner Landsleute dieser Rührgeschichte gegenüber zum Untergang nach zehnjähriger erfolgreicher Abwehr der Feinde führte (2,57–198).

Doch vor die fatale Öffnung der Mauern (2,234) setzt er als Steigerung des Grauens die Schilderung der Tötung des opfernden Laocoon mitsamt seinen beiden Söhnen durch giftige Seeschlangen aus Richtung Tenedos. Laocoon stirbt unter himmelschreiendem Gebrüll und wird mit einem verwundeten Opferstier am Altar verglichen. Die Schlangen begeben sich zum Minervaheiligtum auf der Stadtburg und suchen unter dem Schild der Göttin Deckung. Diese monströsen Vorgänge deuten «alle», von entsetzlicher Angst gepackt, als göttliche Bestrafung des Laocoon für seine «verbrecherische» (*scelus*) Verletzung des Holzpferdes in der ersten Laocoonszene (2,199–234).

2) Nun schnappt die Falle zu. Der Weg der Schlangen wird zunächst von Sinon und den «Pferdekriegern», dann auch von der restlichen Streitmacht der Griechen nachvollzogen: Die Trojaner rollen den «Unheilsapparat» (*fatalis machina*) in ihre Festung und feiern ein Freudenfest: In der schlaftrunkenen Stadt lässt Sinon die eingeschleusten Kämpfer, darunter auch den «Ekel-Odysseus» (*dirus Ulixes*, 261), aus dem Pferd. Auf ein Signal hin kehrt die gesamte Griechenflotte aus Tenedos zurück. Nach Tötung der Wächter öffnen die Eingedrungenen ihren Kameraden das Tor (2,235–267).

Vor der ersten Kampfschilderung des Epos, bei der es sogleich um einen beklagenswerten Endkampf geht, berichtet Aeneas von seiner Traumerscheinung (2,268–297) als weiterem phantastisch-übersinnlichen Element: Ihm sei, als er in seinem Vaterhaus schlief, der von Achilles geschundene Hector vor Augen getreten: Die Erscheinung habe Troja für verloren erklärt und ihn inständig zur Flucht mit den Penaten «als Schicksalsgefährten» aufgerufen, damit er nach Irrfahrten ein neues Troja begründe. Wenn Hector dem Aeneas in der Leidensgestalt erscheint, die auf die Schändung seines Leichnams durch Achill (Hom. *Il.* 24,14–22) zurückzuführen ist, wird Folgendes deutlich: Das zweite Buch der *Aeneis* arbeitet in Gestalt von Aeneas' Erzählung an der moralischen Destruktion beider Titelhelden der homerischen Epen auch vor dem Hintergrund des archaischen ‹Ehrenkodex›: Setzt Odysseus unlautere und verächtliche Mittel der Kriegsführung ein, so macht sich Achill durch die Misshandlung des im Zweikampf getöteten Gegners eines Kriegsverbrechens schuldig. Beides antizipiert die von den Griechen bei der Eroberung Trojas begangenen Gräueltaten.

Damit Aeneas allerdings nicht im ‹unepischen› Dunkel eines rein passiven Dulders verbleibt, sondern seine ‹iliadische› Kämpferstatur auch in der *Aeneis* behält, schildert er im Zentrum des Buches die sogenannte Nyktomachie, also den erbitterten nächtlichen Kampf im brennenden Troja. Wiederum epyllienartig verdichtet sich der zehn Jahre unentschiedene Krieg in dieser einzigen Nacht (2,298–558):

Aeneas wird durch schauerlichen Kampflärm aufgeweckt und aus der prophetischen Erscheinung ins Jetzt zurückgerissen. Er findet Hectors Worte auf das Schlimmste bestätigt. Wie von Sinnen greift Aeneas zu den Waffen (2,314 *arma amens capio*) und sucht, offenbar Hectors Mahnung vergessend und als Besiegter keine Rettung mehr erhoffend, den «schönen Heldentod» im Verzweiflungskampf (2,298–318). Der Priester Panthus verkündet die neuesten Unheilsnachrichten und gibt – wie zuvor Hectors Phantom – Troja verloren. Aeneas ermuntert seine Gefährten gleichwohl zum hoffnungslosen Heroenkampf der schon Besiegten (2,319–369).

Erst nach heftigsten Kämpfen unter Verwendung eines zu Fall gebrachten Turmes als Abwehrwaffe durch die Verteidiger können die Angreifer aufgrund ihrer Überzahl schließlich Priamus' Burg einnehmen. Achills grausam wie eine züngelnde Giftschlange wütender Sohn Pyrrhus/Neoptolemus tötet Priamus' Sohn Polites vor den Augen des Vaters. Der greise König verwünscht den *impius* daraufhin und stellt die Vaterschaft Achills in Frage, der ihm als schutzflehendem Feind Recht und Verlässlichkeit gewährt habe. Pyrrhus verhöhnt den alten König, er möge das doch seinem Vater in der Unterwelt mitteilen, zerrt Priamus an den Altar und schlachtet ihn in einem bestialischen Blutrausch als weiteres menschliches Opfertier ab (2,438–558). Dieses erneute Kriegsverbrechen von griechischer Seite macht die versöhnliche Szene zwischen Priamos und Achill im 24. Gesang der *Ilias*, auf die der todgeweihte König in der *Aeneis* ausdrücklich Bezug nimmt, literarisch zunichte. Die Assoziation an diese Stelle leitet auch zum dritten großen Handlungsblock über. Wie Achill sich im Angesicht des bittflehenden und ihn dazu aufrufenden Priamos im Schlussbuch der *Ilias* an den eigenen Vater erinnert (Hom. *Il.* 24,485–512), denkt Aeneas nun angesichts des «tobenden Entsetzens» (*saevus horror*, 2,559) an die eigene Familie, an Vater Anchises, Ehefrau Creusa und Sohn Julus (2,559–563).

3) Das Thema «Aeneas und seine Familie» bestimmt den Block der Rettung aus der Katastrophe (2,559–804). Als Aeneas auf dem Weg zum Elternhaus Helena entdeckt und sich seinerseits im Rasen an dieser «Erinye» rächen will, hält ihn seine Mutter Venus zurück. Dies evoziert kurz nach den Reminiszenzen an das Schlussbuch die Szene im ersten Gesang der *Ilias*, in der Athene den jähzornigen Achill am Blondhaar zieht und ihn so von der Tötung des höherrangigen Streitgegners Agamemnon abbringt (Hom. *Il.* 1,188–222). Aeneas steht also im grauenvollen Furor des Krieges selbst kurz vor dem Racheexzess und damit vor einer achilleischen Tat. Durch Eingreifen der göttlichen Mutter bewahrt er diesmal noch die *pietas* in Gestalt des homerischen Ehrenkodex. Als Prophetin bestätigt Venus die Mahnungen, die Hectors Phantom und Panthus ausgesprochen hatten: Da die Götter Trojas Vernichtung betrieben, bleibe ihm nur Flucht und Sorge um die Familie (2,559–633). Im Vaterhaus erwarten Aeneas weitere göttliche Hoffnungsschimmer: Als Wunderzeichen umspielt Flammenschein den Ascanius/Julus, der als Vorgriff auf die römische Geschichte lesbar ist (vgl. Augustus in Buch 8, S. 54). Zudem stimmt ein

Lichtstern als Wegweiser den zunächst fluchtunwilligen Aeneas um (2,634–704).

Nach gemeinsamem Aufbruch der Familien-Fluchtgruppe (mit Vater, Sohn, Penaten und Ehefrau) geht Aeneas' Gattin Creusa unbemerkt im Getümmel verloren und wird von Aeneas unter Gefahren in der von Bränden und Plünderungen gepeinigten Stadt gesucht. Auf seine Rufe ins Dunkel antwortet Creusas «Unglücksphantom und Schatten» (2,772) und antizipiert damit eine Unterweltsbegegnung, sodass auch das untergehende Troja im Zwielicht einer Totenwelt erscheint. Creusa konkretisiert die prophetischen Winke, die Aeneas zuvor schon erhalten hatte: Er werde nach langer Irrfahrt durch endlose Meeresödnis ohne sie Hesperien und den Tiber erreichen – dort erwarteten ihn Glück, Herrscherfunktion und eine königliche Gemahlin (2,783). Die interne Hörerin Dido wird dies aus dem Mund ihres ‹Abgotts› mit innerer Erregung vernommen haben, zumal *regia coniunx* auf sie in idealer Weise zutrifft. Allerdings ist Hesperien auch in großzügigster Auslegung schwerlich als Karthago auszudeuten. So zeichnet sich makrostrukturell hier bereits der große Konflikt des vierten Buches ab. Nach ihren mantischen Worten verflüchtigt sich Creusas Phantom und lässt Aeneas weinend mit seinen vielen Fragen und Umarmungswünschen zurück. Dieses Entschwinden greift die Folie von Eurydices Entrückung nach Orpheus' Blick zurück in *Georgica* 4 auf (S. 38 f.) und weist zugleich auf die Begegnung zwischen der unversöhnlichen Dido und Aeneas in der Unterwelt in *Aeneis* 6 voraus. Aeneas kehrt daraufhin zu seinen Leuten zurück und kann die erstaunlich vergrößerte Fluchtgruppe als Bestätigung von Creusas Glücksprophezeiungen für die Zukunft lesen (2,705–804).

Die Fluchtrichtung des Aeneas nach Westen kehrt die Angriffsrichtung der gegen Laocoon losstürmenden Schlangen aus Tenedos gezielt um. Der Priester und Vertreter der guten Sache wird als lebendiges Opfertier zum Menetekel des zum Untergang verurteilten Troja sowie zur erzählerischen Präfiguration für die *pietas*-widrigen Kriegsverbrechen, die griechische Täter an Hector, Cassandra, Panthus, Polites und Priamus verüben.

5.3 Auf der Suche nach neuer Zivilisation: Achaemenides

Im dritten Buch setzt Aeneas seine nächtlichen Erzählungen unmittelbar fort. Gleichwohl wird es durch ein weiteres Binnenprooem als Scharnier eingeleitet (3,1–12). Damit ist das im Hauptprooem angekündigte *Troiae ... fato profugus* (1,1b–2) nun an der Erzählreihenfolge. Aeneas selbst bringt das auf den folgenden Punkt: «... steche heimatvertrieben (*exsul*) in See / mit Kameraden, dem Sohn, den Penaten und mächtigen Göttern» (3,11b–12). Mit diesem Bekenntnis zur kollektiven, familiären und religiösen Verantwortung setzt sich der Binnenerzähler programmatisch vom ichzentrierten Heldenkonzept seines größten literarischen Vorbilds ab. Somit lässt Vergil seinen Aeneas hier in einen besonders regen zwischentextlichen Dialog mit Homers Odysseus in der Rolle als epische Erzählerfiguren treten, die von eigenen Irrfahrterlebnissen im unmittelbaren Anschluss an die Zerstörung Trojas berichten. Diese Umakzentuierung der Abenteuererzählungen verdankt sich Vergils poetologischem Konzept der Homeraneignung (S. 6–12). Im Rahmen von Odysseus' Erzählungen im neunten Gesang der *Odyssee* erfolgt bereits nach der ersten Station, der Kikonenstadt Ismaros, nach deren Zerstörung und Plünderung es zu verlustreichen Kämpfen mit den Nachbarn der Besiegten kommt (Hom. *Od.* 9,39–61), das Abdriften in den phantastischen Raum oder das Märchenland. Bei Kap Maleia abgetrieben, landet Odysseus' Gruppe nach neuntägiger Fahrt bei den Lotosessern (9,62–104). Nach diesem glimpflich ausgegangenen Abenteuer ist nach Karl Reinhardt «eine sich beschleunigende Wendung ins Verderben» festzustellen. Dafür steht das berühmte Kyklopenabenteuer, das als größter Erzählblock Odysseus' Geschichten des neunten Gesangs beherrscht (9,105–566).

Vergil hat die Sonderstellung gerade dieses Abenteuers für seine eigenen Darstellungszwecke genutzt. Doch verlässt sein Held bei seinen Irrfahrten den realistischen geographischen Raum des Mittelmeers zu keinem Zeitpunkt. Vielmehr verläuft die Route der Aeneaden bezeichnenderweise in den Bahnen der

Expansion ihrer römischen Erben im Mittelmeerraum. Bei Aeneas bildet die Insel der Kyklopen nahezu den Schlusspunkt, auf den Vergil die auf ein einziges Buch komprimierten Irrfahrtenerzählungen im engeren Sinn zulaufen lässt (3,570–683). Ganz anders als Odysseus, schafft es Aeneas, den Kyklopen, die diesmal am Aetna auf Sizilien angesiedelt sind, nicht nur ohne eigene Opfer zu entkommen, sondern dabei ein Opfer aus den Reihen der griechischen Kriegsgegner zu retten und mitzunehmen. Bei diesem Unglücksmenschen handelt es sich um einen Kameraden des Odysseus, den dieser, ausgerechnet in der Zone fürchterlichster Lebensgefahr, vergessen und zurückgelassen hatte. Durch die Erfindung dieser Intertextualitätsfigur Achaemenides, die das Leid (griech. *achos*) bereits im Namen trägt, etabliert Vergil ein Gegenmodell zum heroischen Erlebnisbericht des homerischen Odysseus.

Diese Umdeutung der epischen Tradition unterstützt eine hier vorgestellte Lektüre des dritten Buches der *Aeneis* im Licht der persönlichen Tragödie des Achaemenides, die dank der Großherzigkeit der Aeneaden wider alles Erwarten doch noch ein gutes Ende nimmt. Sein Schicksal gewinnt damit in ähnlicher Weise wie das Laocoons und seiner Söhne, mit dem Aeneas seine Apologe beginnt, Ausdruckskraft für das aeneadische Kollektiv. Nur sind die Vorzeichen umgekehrt. Versinnbildlichte Laocoons Tod im Rückblick den Untergang Trojas, so personifiziert Achaemenides' Rettung den künftigen Aufstieg Roms zur «Weltmacht mit Moral» im augusteischen Sinn des Mottos «Schonung den Untertanen» (*Aen.* 6,853).

Während Odysseus' Mannschaft der Entdeckungslust und Seeräuberei in den Weiten des phantastischen Raumes nachgeht, sind die Aeneaden durchweg als über die Meere fahrende ‹Missionare› von Kultiviertheit, Religiosität und Mitmenschlichkeit auf der Suche nach ihrem künftigen Bestimmungsort inszeniert. Die Bewegung der Erzählung in geographisch fixierbaren Erinnerungsräumen lässt sich in drei Blöcke untergliedern: 1) Ägäis (3,1–293); 2) Epirus/ionisches Meer (3,294–569); 3) Sizilien (3,570–713):

1) Nach dem Flottenbau in Antandros gibt Anchises im ers-

ten Sommer nach dem Fall Trojas das Zeichen zur Abfahrt in Richtung Thrakien (3,1–12). Die nun folgenden Berichte über gescheiterte Neugründungsversuche Trojas spielen Varianten der Geschichte von Überlebenden einer vernichteten Stadt und Macht durch. Dies gilt für das kriegerische und mörderisch ungastliche Thrakien ebenso wie für das gastfreundliche Delos unter König Anius auf der Insel des ohnehin trojafreundlichen Apollo. Denn dessen Orakel verweist die Aeneaden in typischer Verrätselung weiter auf ihr Ursprungsland («altehrwürdige Mutter») als neue stabile Heimat mit Potential für Wohlergehen und Weltherrschaft. Anchises ruft zur Weiterfahrt nach Kreta auf, da er diese Insel als Urheimat des Teucer kennt (3,73–123).

Dort wirkt eine Seuche, im ersten Buch der *Ilias* (Hom. *Il.* 1,43–53) als grausame göttliche Strafe handlungsprägend, als Fingerzeig auf eine Fehlinterpretation der göttlichen Weisung des delischen Orakels. Die aus Troja geretteten Penaten erscheinen dem Aeneas im Traum. Ihre Verheißung fasst Vergil in Worte, die sich eng an die *laudes Italiae* im zweiten Buch seines Landlehrgedichts (S. 29–30) anschließen (3,163–164):

Da ist ein Ort, Hesperien von Griechen
mit Beiwort bezeichnet,
Landschaft uralt, voll Kraft durch Waffen und fruchtbare Erde.

Diesen Rückbezug unterstreicht Vergil dadurch, dass Aeneas erstmals das Schlüsselwort «Italien» (vgl. 1,2) als Ziel seines *Nostos* vernimmt (vgl. 3,166). Nun mahnt Anchises zum Gehorsam gegenüber Apollos Weisung. Unter Zurücklassung weniger Landsleute kommt es zum raschen Aufbruch der Aeneaden.

Auf offener See bricht nun plötzlich ein ‹odysseeisch› anmutender Sturm über die Gruppe herein, der dem Steuermann Palinurus die Unterscheidung zwischen Tag und Nacht verunmöglicht. Im Unterschied zur *Odyssee* dauert das Unwetter nicht märchenhafte neun Tage, sondern lediglich episch-heroische drei: Die Leidtragenden werden auch nicht ins Phantastische verschlagen, sondern driften in die vorgesehene Richtung westwärts. Dabei passieren sie auch Schicksalsorte der in ihnen selbst angelegten römischen Geschichte: Die erste Station nach dem neuerlichen Aufbruch ist wie Thrakien, die erste Station nach dem Aufbruch aus Antandros selbst, von unheilvollen Zeichen (*prodigia*) verdüstert: Auf den Strophaden zersprengen und besudeln die ekelerregenden Fabelwesen der Harpyien, Vögel mit mädchenhaftem Antlitz, die Mahlzeit. Diese Mischwesen hat Vergil aus der Phineus-Episode des zweiten Buches von Apollonios' *Argonautika* (S. 12–16) in Aeneas' Apologoi versetzt. Dort übernehmen sie eine unheilvolle mantische Funktion. So prophezeit die «Unglücksseherin» (*infelix vates*, 3,246) Celaeno den Aeneaden Folgendes (3,192–293): Sie würden ihr Ziel Italien zwar erreichen, doch nicht eher eine Stadt mit Mauern befestigen können, als «scheußlicher Hunger» (*dira fames*, 3,256) sie nötige, an angefressenen Tischen zu nagen. Nachdem Anchises diese die Kameraden entsetzende Unheilsdrohung durch Gebet abzuwenden gesucht hat, sticht die Gruppe eilends wieder in See. Nach sicherer Fahrt vorbei am eigens dort verfluchten Heimatbereich des rabiaten Odysseus (3,270–273) gelangen sie nach Actium. Am Ort des Seesiegs von 31 v. Chr. (S. 41 f., 52–54) antizipieren sie die Triumphe Octavians, indem sie nach erfolgreicher Überwindung der Feindeszone des über Troja siegreichen Griechenlands Festspiele und sportliche Wettkämpfe veranstalten, die an das literarische Vorbild der odysseeischen Phaeaken erinnern. Dass die Aeneaden deren nahe gelegene «Burgen» in den luftigen Höhen Korfus so rasch wie möglich ihren Blicken entziehen, also für sich unsichtbar machen wollen (3,291 *abscondimus*), ist als weitere Distanzierung vom Erzählgefüge der *Odyssee* zu lesen. Für die *Aeneis* als Kunstwerk gilt das, was Aeneas als *carmen* (hier: poetische Inschrift) auf seine an den Tempeltoren von Actium befestigte Votivgabe, den Schild des Abas, schreibt: «Aeneas für Erfolg über griechische Sieger gibt Waffen». So gelesen, sind Vergils *arma* der *Aeneis* seine Ehrengabe für Augustus' Schutzgott Apollo, die den römischen Erfolg über die bislang im Epos siegreichen «Danaer» dokumentiert.

Die längste Einzelepisode von Aeneas' Abenteuererzählungen steht am Beginn des zweiten Blocks und gilt denn auch einer aufsehenerregenden Spielart von trojanischer Herrschaft im Bereich der griechischen *poleis*: In Buthrotum (Butrint)/Epirus regiert nämlich unglaublicherweise (3,294) der priesterliche Priamussohn Helenus. Er bietet damit ein ermutigendes Beispiel für die Etablierung eines Trojaners im Land der Sieger. Dies gilt auch auf der höchstpersönlichen Ebene. Denn Aeneas hat erfahren, dass Helenus nun mit Hectors Witwe Andromache verheiratet ist, die Achills Sohn Pyrrhus/Neoptolemus, der Mörder des Priamus, als Beutefrau erlost hatte. Nach der Landung begegnet Aeneas nun zuerst Andromache, die als «Choephore» (Weihgussträgerin) Opfergaben zum leeren Grabmal Hectors bringt. Die neue, trojafreundliche Station wird für Aeneas zum Ort der neuerlichen Wiederbegegnung mit der Kriegsvergangenheit seiner Heimat, mit den Totenehren für Hector (wie in Homer, *Ilias* 24 beschrieben) und dem Schicksal der entrechteten Trojanerinnen, einem *Iliupersis*-Thema, das er im *Iliupersis*-Bericht von Buch 2 nicht ausführlich behandelt hatte. Die Vergangenheit hat Aeneas also weiterhin fest im Griff.

Als Helenus mit großem Gefolge – wie Dido in 1,496–504 – auftritt und die Aeneaden tränenreich in die Arme schließt, kann Aeneas das in miniaturisierter Kopie nachgebaute Troja mit Palast, Tor und Flüssen in Augenschein nehmen. Doch bei aller Gastfreundschaft bietet diese erstarrte Heimatfixierung für ihn und seine Leute keine Zukunftsperspektive. Immerhin kann Helenus als mantische Helferfigur nach dem Muster des Teiresias der *Odyssee*, den der Held allerdings nur als Phantom zu befragen vermag, mit einer – freilich durch die Parzen und Juno eingeschränkten – Wahrsagekraft den weiteren Weg «absichern». Die Fahrt ins gelobte Land Italien, so Helenus, werde noch langwierig, weit und entbehrungsreich sein. Doch «Erlösung gewiss von Mühsal» sei an einem Ort verheißen, an dem Aeneas eine weiße Wildsau mit dreißig Frischlingen unter Eichen am Strand vorfinde. Dieses Wildschweinprodigium dominiere auch über Celaenos Tischprodigium, gegen das Apollo Beistand leisten werde. Es folgen Ratschläge für die Umfahrung Siziliens zur Meidung des Felsenmonsters Scylla, eines Mädchen-Fisch-Mischwesens, und des mörderischen Meeresstrudels Charybdis an der Straße von Messina. Vor beiden Ungeheuern hatte in der

Odyssee Kirke den Titelhelden gewarnt. Gleichwohl schnappt sich Skylla sechs der tüchtigsten Gefährten des Odysseus und frisst die jämmerlich um Hilfe Schreienden auf (Hom. *Od.* 12,247–259). Mit der bei Helenus nicht ausdrücklich erwähnten Anthropophagie ist bereits motivisch das folgende Kyklopenabenteuer vorbereitet. Mit der Weisung, die Sibylla von Cumae am Golf von Neapel wegen der Auseinandersetzungen in Latium zu befragen, weitet schon der *Apologos* den Blick auf das Buch 6, ohne freilich auch das Skandalon einer letzten Reise ins Totenreich namhaft zu machen. Hatte Andromache bei der Begrüßung den Aeneas mit einer Erscheinung ihres Gatten Hector assoziiert, so bezeichnet sie beim Abschied den Knaben Ascanius als «einzig für mich noch übriges Astyanax-Bild». Die simulationsfixierte Bewohnerin Buthrotums deutet also die physische Ebenbildlichkeit der beiden Jungen, verbunden mit der Vorstellung der mentalen Ertüchtigung des Ascanius (nach dem Muster des Telemachos der *Odyssee*) durch das Nacheifern von Aeneas und Hector (3,342–343), als Hoffnungsschimmer für die Zukunft. Die grausame Tötung ihres Söhnchens Astyanax durch die Griechen im Rahmen der *Iliupersis*, prominentes Thema von Euripides' Tragödie *Troades*, bleibt also nicht das letzte Wort, wenn Astyanax in Ascanius'/Julus' Gestalt doch überlebt (3,294–505).

Die Gruppe fährt nun weiter und passiert Ceraunia. Nach Nachtruhe und Himmelsbeobachtung durch Palinurus in Acroceraunium kommt bei ruhiger Überfahrt erstmals Italien in den Blick, das Achates und die anderen Gefährten mit lauten Jubelrufen begrüßen (vgl. 3,523–524 dreifaches *Italiam* mit Rückbezug auf 1,2). Die erste Landung in Italia erfolgt beim Tempel von Castrum Minervae am Stiefelsporn der Halbinsel. Die Weiterfahrt am Golf von Tarent verläuft mit Blickkontakt, aber ohne Tuchfühlung mit den Küstenorten, bis von fern der Ätna sichtbar wird. Das ungeheuerliche Tosen an der Meerenge verweist, wie Anchises bemerkt, auf Charybdis. Der Strudel wirbelt die Schiffe in extreme Höhen und tiefste Meerestiefen, doch gegen Abend legt sich der Wind. Dank Anchises' Vorsicht und des beherzten Eingreifens des Palinurus haben die Aeneaden, ganz anders als Odysseus, hier keine Opfer zu beklagen (3,506–567).

Damit ist die Kyklopenküste Siziliens erreicht und der Weg für die Begegnung mit der paradigmatischen Leidensfigur des Achaemenides geebnet. Der Erzählabschnitt über Sizilien (3,568–683) lässt sich in drei Abschnitte untergliedern:

i) Die Ankunft am riesigen Kyklopenhafen ist von einem fürchterlichen *omen* der Natur gezeichnet: Vom in der Nähe «donnernden» Ätna steigen pechschwarze Staubwolken auf, dazu wirbelnde Glutasche und «Feuerzungen». Der Berg speit Gesteinsbrocken und Lava als «Eingeweide» aus. So wird im späteren Bericht der Kyklop Wein und Menschenfleischbrocken ausspeien (vgl. 3,575–576 mit 3,632–633). Diese ungeheuerliche Unwirtlichkeit der Natur in finsterer Nacht ohne Mondlicht und Sternenschein gibt einen passend düsteren Vorgeschmack auf die monströsen Begegnungen des Folgetages (3,568–587).

ii) Der zweite Handlungsschritt bringt eine erste Kontaktaufnahme (3,588–638): Unmittelbar nach Anbruch des nächsten Tages, des ersten Morgens der Aeneaden auf Sizilien, taucht überraschend (3,590) eine abgerissene und abgemagerte «unbekannte Gestalt eines Manns in erbärmlichem Zustand» aus dem bukolischen Wald auf, der kniefällig um Aufnahme fleht (3,588–592). Auf fremdem Terrain und Neuland, das sie selbst als Schutzsuchende betreten haben, sind die Aeneaden «sofort» als Beschützer gefordert. Wenn sie darum eine *ignoti nova forma viri* (3,591) nach dem herkömmlichen Ritus der Hikesie (des Bittflehens) ersucht, so verweist Vergil auf die kühne Mythenvariation, die er mit der Einschreibung dieser neuen Figur in die *Nostoi* vornimmt. Dies passt zum völlig neuen Blick auf das Kyklopenland, mit dem sich Vergil weitestmöglich von Odysseus' Blick auf die unheilvolle Märchenlandschaft entfernt. Dieser war von Erkenntnishunger, Selbstherrlichkeit, Expeditionslust und Beutegier geprägt. Im zweiten Handlungsschritt von Aeneas' Kyklopenerzählung (3,593–611) erfolgt mit den Blicken der mitfühlend auf die Not anderer «hinsehenden» Aeneaden (3,593 *respicimus*) die Inaugenscheinnahme der erbarmungswürdigen Verwahrlosung ihres Gegenübers. Dieses vermeintliche «Monster» wird wider der Erwartung des Rezipienten nicht als Kyklop, sondern als Grieche und Kriegsgegner vor Troja identifiziert (3,593–595). Beim Anblick der Waffen bleibt er zunächst verschreckt stehen. Die besiegten Trojaner flößen fern der Heimat wieder Respekt ein. Alsbald stürzt er unter Tränen und flehentlichen Bitten an den Strand. Die einstigen Feinde sind nun seine letzte Hoffnung. Unverstellt und damit als vollkommener Antityp zu seinem einstigen Gefährten Sinon aus Buch 2 bekennt er sich zu seiner Rolle als Eroberer Trojas. Er liefert sich den damals Besiegten auf Gedeih und Verderb aus. Er wolle nämlich, falls er als Kriegsverbrecher verurteilt werde, lieber von Menschenhand sterben. Damit deutet er die Gefahr des entmenschten Ungeheuers schon an, das hier – ähnlich wie die Seeschlangen in Buch 2 – als Bedrohung lauert. Seinen Akt der formellen Hikesie durch Umfassen der Knie beantworten die Aeneaden nicht mit Freveltaten nach dem Muster der griechischen Sieger im brennenden Troja, sondern mit der traditionellen epischen Umgangsformen entsprechenden Frage nach Namen, Herkunft und Schicksal. Noch vor der Antwort begleitet Anchises diese Kommunikation seinerseits gestisch mit einem freundlichen Handschlag für den jungen Mann. Damit ist die Hikesie, über die sich der Polyphem der *Odyssee* ausdrücklich hinwegsetzt (Hom. *Od.* 9,273–278), bereits konkludent gewährt. Durch Anchises' Geste beruhigt, kommt der seiner Zivilisation entfremdete Grieche wieder zu sich. Mit der ohne Umschweife anschließenden namentlichen Selbstvorstellung (3,613–622) seines Achaemenides schreibt Vergil die so lang aufgeschobene Selbstvorstellung des Odysseus bei den Phaeaken in *Odyssee* 9,1–38 ganz neu: Denn in der *Aeneis* ist die Identifizierung als aus Ithaka stammender «Kamerad des Unglücksulixes» unmittelbar und untrennbar mit der Beschreibung seines Schicksals als in der Höhle des Menschenfressers von den «achtlosen Kameraden» (3,317) vergessener Gefolgsmann des Odysseus verbunden.

Achaemenides' Schilderung der Kyklopenhöhle setzt an dem Punkt an, an dem Odysseus' Erzählung von diesem Schreckensort endete, nämlich mit der erfolgreichen Flucht des Haupthelden und seiner überlebenden Gefährten. Unter mehrmaliger Betonung der persönlichen Augenzeugenschaft erzählt der Schutzsuchende noch fast im Angesicht des Grauens von der Tötung und Vertilgung zweier seiner Kameraden durch den namentlich noch nicht genannten Kyklopen. Als Rachetrick des geistesgegenwärtigen Ulixes nennt er die Betäubung des Unholds durch Wunderwein. Die eigentlich rettende Tat der Überwältigung und Blendung des Monsters stellt er ausdrücklich als Gemeinschaftswerk der Kameraden dar. Damit korrigiert Vergil die *Odyssee*, in der sich der erzählende Hauptheld in den Vordergrund gerückt und die Gefährten marginalisiert hatte. Am Punkt des gemeinsamen Triumphs der gerechten Rache für die Ermordung der Kameraden bricht Vergils Achaemenides seinen Rückblick ab.

iii) Nun setzt der dritte größere Abschnitt von Aeneas' Kyklopenerzählung ein (3,639–683). Achaemenides führt den Aeneaden, die er mit «Unglückliche» (3,639) anspricht, die nach wie vor akut drohende Gefahr drastisch vor Augen. Diese aktuelle Kyklopenwarnung (3,639–654) ersetzt das ganz anders getönte Ende von Odysseus' Kyklopenerzählung: Dort berichtet der Held, wie er aus vermeintlich sicherer Entfernung vom Schiff aus entgegen der inständigen Warnungen seiner Gefährten den Polyphem dreimal verhöhnt und dabei auch seinen echten Namen und Heimatort preisgegeben habe. Dies habe den Kyklopen zu Gesteinswürfen und schließlich zur Verfluchung des Odysseus und seiner Heimreise provoziert (Hom. *Od.* 9,472–542). Während also Odysseus in seiner heroischen Selbstgerechtigkeit die Warnungen seiner Belegschaft in den Wind schlägt und durch die äußerst unkluge Namenspreisgabe den Groll Poseidons auf sich und seine Crew lenkt und mithin letztlich die Verantwortung für den Verlust aller Gefährten auf sich lädt, warnt der von ihm vergessene Achaemenides seine einstigen Feinde und nunmehrigen Schicksalsgefährten. Er ruft sie zur sofortigen Flucht aus dem Unheilsland auf, in dem hundert weitere Kyklopen von der Art des Polyphem lauerten. Dann bekräftigt er nochmals seine persönliche Not, die ihn zur Selbstpreisgabe an die erstbeste hier eintreffende Flotte nötige (3,588–654). Kaum hatte er ausgeprochen, bekommen Aeneas und die Seinen den hier in keiner Weise provozierten Polyphem persönlich zu sehen. Der blinde Riese erscheint auf dem Berggipfel und geht am Stock mit seinen Schafen zum Strand, um sich die Augenwunde auszuwaschen. In Aeneas' Erzählung erscheint der von den Berichterstattern Odysseus und Achaemenides als blutrünstiger Menschenfresser perhorreszierte Kyklop als innerlich gebrochenes Ungeheuer, das zwar furchterregend, aber auch bemitleidenswert wirkt (3,655–665, bes. 658 dieser Unhold zum Fürchten, unförmig, unbändig, geblendet). Als er die stille und heimliche Flucht der Fremden wegen der Stimmgeräusche bemerkt, erhebt er ein grauenerregendes Gebrüll und ruft die «Kundgebung zum Grausen», das *concilium horrendum*, seiner himmelhohen und finster blickenden Artgenossen herbei. Diese vergleicht der Erzähler mit einem Berghain mit gewaltigen Eichen und Zypressen. Doch gegen die für ihn anonymen Besucher, die sich viel schlauer und vorsichtiger verhalten als der verschlagene Odysseus, ist Polyphem machtlos. Das Riesenkollektiv jagt den Flüchtenden zwar einen ungemeinen Schrecken ein, doch erfolgen weder Steinwürfe noch Flüche, die ihre Unternehmung unmittelbar oder mittelbar gefährden könnten. Vielmehr bewahrt sie die Witterung in Gestalt eines günstigen Nordwindes davor, vor lauter Panik entgegen Helenus' Weisung in die Lebensgefahrenzone von Scylla und Charybdis zurückzugeraten.

Im Zusammenhang mit der Weiterfahrt erwähnt Aeneas, dass sich Achaemenides, der als Kamerad des Unglücksulixes (3,691 zitiert 3,613) die Strecke schon in Gegenrichtung gefahren war, als Wegweiser und Kompass bewährt habe (3,690–691). Die Integration in die Gruppe ist also geglückt und zeitigt für beide Seiten segensreiche Folgen.

An der «unerquicklichen Küste» von Drepanum trifft Aeneas völlig unerwartet der ultimative Schicksalsschlag (*extremus labor*). Durch den Tod von Anchises, den ihm niemand prophezeit hatte, verliert er seine väterliche Stütze, die ihm erst als prophetische Figur im Traum (in Buch 5) und in der Unterwelt (Buch 6) wiederbegegnen wird. Die letzte Zeile von Aeneas' Erzählung fasst in erstaunlicher Erzählökonomie in einem einzigen Vers (3,715) den schrecklichen Seesturm zusammen, mit dem Vergil grandios seine Aeneashandlung in Buch 1 eröffnet hatte. An eben deren Beginn sind die Fäden der Aeneaserzählung jetzt angeknüpft, sodass sich bei kontinuierlicher Lektüre nun ein Gesamtspektrum der Heldenreise bis nach Karthago eröffnet. Dort begibt er sich nun zur Ruhe (3,684–718).

Mit Blick auf den Großabschnitt der Apologe der Bücher 2 und 3 schließt die Figur des durch monströse Bedrohung durch das «gigantomane, anti-römische Symbol» des Kyklopen und die existentielle Enttäuschung über seine Kameraden geläuterten Achaemenides den Kreis zum Initial-Menetekel des Laocoon. Der Widerstand der trügerisch erleichterten Trojaner gegen den hellsichtigen Mahner Laocoon ist nunmehr überwunden durch die Sympathie der die Katastrophe ihrer Stadt Überlebenden für den einstigen Feind auf der Grundlage unverstellter Mitmenschlichkeit und der Achtung kulturübergreifender Rituale (Hikesie). Die persönliche Tragik des Achaemenides, auf welche die zunächst irrlichternde Neugründungsfahrt des dritten Buches zuläuft, wird zum Inbegriff für die im brennenden Troja ebenfalls von ihren göttlichen und menschlichen *socii* verlassenen Aeneaden, die monströsen Gräueltaten entrinnen konnten, um sich integrationsoffen und versöhnungsbereit auf die entbehrungsreiche und langwierige Suche nach einer Nachkriegskultur zu begeben.

5.4 Im Bann von Amor und Fatum: Dido

Das Thema seines vierten Buches, die dysfunktionale Spannung von Amor und Fatum, hat Vergil im dritten Buch anhand der auch in neuer Verbindung unverbrüchlichen ehelichen Liebe Andromaches zu ihrem Hector vorbereitet. Im Dido-Buch entfaltet er es zu einem tragischen Kurzepos von in sich weltliterarischem Format. Bei der auf der hinteren Umschlaginnenseite graphisch veranschaulichten Binnengliederung treiben die Strukturelemente eines tragischen Plots im vollen Sinn die epische Handlung voran.

Der expositorische erste Akt (4,1–172) gliedert sich in drei Szenen: i) Das Buch beginnt mit einem Dialog zwischen einer an Liebesverlangen leidenden Heroine und ihrer weiblichen Vertrauensperson nach dem Muster einer vom Eros geprägten tragischen Konstellation wie etwa Phaidra und ihre Amme in Euripides' *Hippolytos* (4,1–89): Nach schlafloser Nacht vertraut sich die nicht zur Ruhe kommende Dido ihrer Schwester Anna an. Sie enthüllt ihr brennendes Verlangen nach ihrem wortgewaltigen, im Leid bewährten und göttlich schönen Gast Aeneas. Die Venus-Amor-Intrige des ersten Buches entfaltet also ihre volle Wirkung. Doch Dido sieht unüberwindliche Hinderungsgründe. Neben Scham (*pudor*) steht einer neuen Verbindung die unverbrüchliche Anhänglichkeit an ihren durch ihren Bruder Pygmalion ermordeten Gatten Sychaeus – ihren Hector, dem sie nach dem Ideal einer *univira* ewige Treue zu schulden glaubt – entgegen. Die am Schluss ihrer ersten Rede bekräftigte Anhänglichkeit an Sychaeus auch um den Preis des eigenen Todes ist nicht nur eine tragisch-ironische Prophezeiung desjenigen Endes, das sie in der Katastrophe des vierten Buches tatsächlich finden wird. Intertextuell ruft Vergil damit frühere historische Quellen zur Dido-Geschichte (noch ohne Verbindung zu Aeneas) auf, um sich von deren Version abzusetzen. Nach Timaios von Tauromenion (4./3. Jahrhundert v. Chr.) habe sich die phönizische Königstochter, Irrfahrerin und Städtegründerin mit den drei Namen Theiosso/Elissa/Deido dem starken Druck ihrer Mitbürger, dem Werben des Libyerkönigs um sie nachzugeben, durch Selbstverbrennung auf einem riesigen Scheiterhaufen entzogen (FrGrHist 566, fr. 82 Jacoby).

Wenn Anna zu Lebensbejahung und neuer, willkommener Liebe rät (4,38), dann übernimmt sie nicht nur die Funktion einer tragischen Kupplerfigur. Mit ihrer Vision einer vereinten trojanisch-punischen Supermacht entwickelt sie einen kontrafaktischen Gegenentwurf zum Verlauf der Historie. Zudem schwenkt sie auf die erstmals bei Vergil sicher bezeugte, womöglich aber schon auf das nur fragmentarisch überlieferte altlateinische Geschichtsepos *Bellum Punicum* des Gnaeus Naevius (zweite Hälfte des 3. Jahrhundert v. Chr.) zurückgehende Version einer persönlichen Beziehung zwischen Dido und Aeneas ein. Anna sucht Didos Bedenken zu zerstreuen und streicht auch die realpolitischen Vorteile einer Verbindung mit Aeneas heraus. Anna rät zu Sühneopfern für die Götter und schlägt Argumente vor, um die Abreise der Trojaner zu verzögern. Damit soll Dido nun auch zu einer erfolgreichen Spielart der homerischen Kalypso werden, die als retardierende epische Frauenfigur Odysseus lange, aber nicht dauerhaft, von seiner privaten Heimkehrmission abzubringen suchte. Gleichzeitig bereitet sich so das tragisch-lyrisch-elegische Motiv der verlassenen Heroine vor. Dido gehorcht ihrer Schwester und überlässt sich nun ganz ihrer verzehrenden Liebesleidenschaft. Sie irrt planlos in ihrer Stadt herum und wird vom Erzähler mit einer vom Jagdspeer tödlich getroffenen Hindin auf Kreta verglichen. Bei ihrem vergötterten Aeneas, vor dem sie Stadt und Reichtum zur Schau stellt, stockt ihr die Sprache. Ihr Liebeswahn äußert sich nicht nur in Schlaflosigkeit, sondern auch darin, dass sie die Zuhörsituation der Bücher 2 und 3 durch das Begehren ständiger Wiederholung von Aeneas' Erlebnissen in eine Endlosschleife verwandelt sehen möchte (4,78–79). Diese Fixierung auf einen neuen Mann in ihrem Leben führt zum Erlahmen ihres in Buch 1 so zupackenden Elans im Städtebau.

ii) Wie im ersten Buch wird das Geschehen der Menschen auf der Ebene der Götter (nach-)gesteuert, reflektiert und gelenkt. Waren freilich die Antagonistinnen Juno und Venus mit ihren Aktivitäten im ersten Buch getrennt fokussiert, so führt der Erzähler sie hier ebenso zusammen wie ihre Schützlinge Dido und Aeneas (4,90–128): Obwohl Venus zu Recht bezweifelt, dass es Jupiters in Buch 1 ja enthülltem *fatum* entspricht, wenn Tyrier und Trojaner in einer libyschen Stadt zusammenleben, stimmt sie mit vielsagendem Lächeln Junos hinterlistigem Plan zu: Bei einem morgendlichen Jagdvergnügen sollen Dido und Aeneas durch ein, wie der Seesturm in Buch 1, von Juno herbeigeführtes plötzliches Schlechtwetter in einer Grotte (*spelunca*) Zuflucht suchen und dort von Juno in fester Ehe (4,126 *conubio ... stabili*) verbunden werden.

iii) Das Ende des Expositionsteils bildet der in der Tat bühnenreife Auftritt der von den Reitern und der Führungsspitze der Punier wie von den Phrygiern erwarteten Königin und die folgende Jagd (4,129–172). Dido erscheint zu Pferde in herrscherlichem Edelpurpur und strahlendem Gold. Der wunderschöne Aeneas wird mit Apollo verglichen, der sich von Lykien zu einem Besuch auf seiner Geburtsinsel Delos begibt. An der Treibjagd in hügeligem Gelände nimmt auch Ascanius fröhlich teil. Durch einen Wolkenbruch setzt Juno ihren Plan um. Die ‹epischen› Wassermassen sorgen, wie der Seesturm in Buch 1, für Furcht und Zerstreuung der Gruppe. Die Elemente begleiten die Grottenverbindung von Dido «und dem Anführer aus Troja», die Dido fortan wie zuvor Juno als «Ehebund» (*coniugium*) bezeichnet, mit Unheilszeichen. Die strahlenden Leitfiguren geraten durch das Unwetter auf die «Abwege» einer in der Narration nur angedeuteten Liebesvereinigung in einer Höhle (4,165–166). Dies lässt sich als Rückfall in die jenseitsähnliche Verhüllung des heimkehrwilligen Helden Odysseus durch die unsterbliche Kalypso auf Ogygia deuten. Dort dienen die Höhlungen der Grotten als Liebesnest (etwa in Homer, *Odyssee* 5,155 und 226–227). Der Erzähler der *Aeneis* bemerkt zum Höhlentag pathetisch: «Urgrund des Todes und erste Unheilsursache war er» (4,169–170).

Als Reaktion auf die menschliche und göttliche Exposition entfaltet sich nun im zweiten Akt auf beiden Ebenen die Konfliktentwicklung durch Gegenhandlung (4,173–278).

i) In der ersten Szene schwirrt das personifizierte Klatschgerede (Fama) durch Africa (4,173–197): Als Tochter der Erde ist sie eine chthonische Gottheit mit zahllosen Augen, Zungen und Mundwerken und ein «Ungeheuer zum Fürchten» (4,181). Sie übertreibt, verbindet Wahrheit und Lüge wie die Musen in Hesiods *Theogonie* und verbreitet in Windeseile, Dido und der Trojaner Aeneas, in schändlicher Lust vereint, genössen das Lotterleben und vergäßen ihre Herrscherpflichten. Anders als der Erzähler, unterstellt Fama beiden Beteiligten eine «schändliche Leidenschaft» (4,194 *turpi ... cupidine captos*).

ii) In der zweiten Szene richtet der angesichts dieser Neuigkeiten wutentbrannte Numiderkönig Jarbas, Jupiter Hammons

Sohn, ein Gebet an seinen göttlichen Vater (4,198–218). Er führt bittere Klage über seine Abweisung durch Dido, die ihm nun (als eine Art neue liederliche Helena) einen verweichlichten Paris aus Kleinasien vorgezogen habe. Wozu noch opfern? Jarbas' Intervention bei Zeus gegen die neue Verbindung Didos übernimmt zudem handlungslogisch die Funktion von Athenes Vorstoß bei Zeus zu Beginn des ersten und fünften Buches der *Odyssee*, mit dem sie darauf abzielt, Odysseus endlich von Kalypso loszueisen. In innovativer Weise überblendet Vergil hier wie oft unterschiedliche homerische Vorbilder.

iii) Die dritte Szene des zweiten Aktes bietet wie die zweite des ersten einen Dialog unter Göttern: Jupiter erhört das Gebet des Jarbas und beauftragt Mercur (also Hermes, den er in *Od.* 5 zu Kalpyso schickt), Aeneas bei der Ehre des Weltreichsgründers zu packen und ihm die unverzügliche Abreise aus dem feindlichen Karthago zu befehlen. Mercur fliegt über das Gebirge des Atlas einem Meeresvogel gleich an die libysche Küste und übermittelt harsch Jupiters Machtwort an Aeneas. Dieser arbeitet in tyrischer Gold- und Purpurtracht und damit äußerlich tatsächlich als eine *imago* des Paris am Aufbau Karthagos. Er bestätigt also Fama teils und straft sie teils Lügen (4,219–278). Der allzu sehr in karthagische Lebensweise und Aufbauarbeit integrierte Aeneas, von Mercur als «Pantoffelheld» (*uxorius*, 4,266) gescholten, bietet damit ein Gegenbild zu dem bei Kalypso mit der Zeit in Klage und Depression erstarrten Odysseus (Hom, *Od.* 5,151–153). Dies hebt Vergil durch die Anlehnung seines Mercur-Fluges nach Karthago an den berühmten Hermes-Flug nach Ogygia (5,43–54) umso deutlicher hervor.

Der dritte Akt bringt die entscheidende Krisis und Peripetie (4,279–449):

i) Von Grund auf erschüttert über die göttliche Ermahnung, die Venus' Versteckspiel in Buch 1 deutlich radikalisiert, brennt Aeneas nun auf eilige Flucht aus dem «süßen Karthago» (4, 279–295): Er lässt seine darüber wie die Gefährten des Odysseus nach ihrem einjährigen Verweilen bei Kirke in *Odyssee* 10 hoch erfreuten Leute heimlich und damit odysseeischlistig die Flucht vorbereiten und will den günstigsten Augenblick für ein klärendes Gespräch mit seiner geliebten Dido abpassen.

ii) Dies gipfelt in der Trennungskrise zwischen Dido und Aeneas: Dido bekommt von den Fluchtvorbereitungen Wind, rast wie eine Mänade und stellt Aeneas in einem tragischen Agon wie etwa Medeia den wegstrebenden Jason in Euripides' Tragödie wütend zur Rede (4,296–396): Vorwürfe münden in einen verzweifelten und tränenreichen Appell Didos: Aeneas möge umdenken und zu ihrem Ehebund stehen, für den sie ihren guten Ruf geopfert und Hass im In- und Ausland auf sich gezogen habe. Andernfalls gebe er sie dem Tod preis, zumal sie sich nicht an einem Kind als jungem Ebenbild von ihm trösten könne. Aeneas bekundet (wie schon in Buch 1) seine dankbare Verbundenheit mit Dido, pocht aber auf den Vorrang seiner Verantwortung für die Neugründungsmission in Italien und der unumstößlichen göttlichen Weisung, die Mercur ihm persönlich übermittelt habe: «Italien ist nicht meine Wahl ...!» (*Italiam non sponte sequor*, 361). Dido wendet sich ab und hält Aeneas wutentbrannt seine Treulosigkeit, Hartherzigkeit und Undankbarkeit vor. Sie lässt ihn abreisen, schickt ihm aber Unheilswünsche mit und droht kaum verhüllt mit Selbsttötung, um ihn dann als Rachegeist schädigen zu können. Inmitten ihrer Rede stürzt Dido davon und lässt Aeneas verstört und abschiedslos zurück. Trotz Zuneigung und Ergriffenheit von Didos unbedingter Liebe setzt Aeneas die göttlichen Befehle um.

iii) Auch gegenüber weiteren Vermittlungs- und Verzögerungsversuchen durch Anna bleibt Aeneas hart (4,397–449): «Sein Sinn bleibt unerweichlich, die Tränen rinnen ins Leere (*lacrimae volvuntur inanes*, 449)».

Der vierte Akt verbindet Konfliktentladung mit Retardierung der Katastrophe (4,450–583):

i) Dido verschleiert ihren nach harten inneren Kämpfen gefällten Entschluss zur Selbsttötung durch eine Trugrede vor Anna (4,450–503). Die zum Tod entschlossene Dido sieht sich durch Unheilsvorzeichen in ihrem Vorhaben bestärkt. Der Erzähler vergleicht sie mit dem von den Bakchantinnen zerrissenen Pentheus und dem von den Furien gehetzten Orestes. Dido täuscht ihrer Schwester vor, sie wolle einen Liebeszauber, wie ihn Vergil-Leser aus der achten *Ecloge* kennen, anwenden, der ihr Aeneas zurückbringe oder sie endgültig von ihm befreie. Vertrauensselig lässt Anna im Innenbereich des Palastes unter freiem Himmel einen Scheiterhaufen errichten, auf den sie Aeneas' Hinterlassenschaften einschließlich des «Ehebettes» schichtet.

ii) In der zweiten Szene (4,504–553) bereitet Dido den Zauber durch Anrufung der Unterweltsgötter und das Sammeln von Wirkstoffen vor und übernimmt magische Verfahren von Circe und Medeia. In einem nächtlichen Monolog, der dem nächtlichen Zuhören bei Aeneas' Erzählungen entgegengesetzt ist, verwirft Dido unrealistische Auswege wie die unterwürfige Erhörung der zuvor abgewiesenen Brautwerber oder eine Abreise zu Aeneas. Sie wälzt die Verantwortung auf Anna ab.

iii) Nach einem Szenenwechsel mahnt Mercur als Traumerscheinung den im Schiff schlafenden Aeneas zu unverzüglichem Aufbruch. Aeneas weckt die Kameraden und sticht nachts mit ihnen in See (4,554–583). Das Motiv der listigen Abfahrt der Griechen aus Troja, wie es in Buch 2 erzählt war, ist damit unter veränderten Umständen und mit anderen Absichten von den Besiegten übernommen und leitet zum fünften Akt über.

i) Als Dido am Morgen die Abreise bemerkt, bricht rasender Hass aus ihr hervor, der in der Verfluchung des Aeneas in der Tradition der Verfluchung des Odysseus durch Polyphem in *Od.* 9,526–536 und seiner gesamten Nachkommenschaft gipfelt, da sie eine spätere kollektive Rache ankündigt (4,584–629). Den romfreundlichen Prophetien des Epos (S. 45–58) steht damit eine junonisch geprägte Verwünschung von weltpolitischer Dimension entgegen, welche die ‹Erbfeindschaft› zwischen Rom und Karthago in höchstpersönlicher Aitiologie erklärt und auf Hannibal als Rächer Didos hindeutet.

ii) Dido besteigt den Scheiterhaufen und tötet sich in spiegelnder Selbstbestrafung mit Aeneas' Schwert auf dem «Ehebett» des Unheils (4,630–662).

iii) Didos blutiges Ende als heroischer Charakter von tragischer Statur löst Jammern und Schauder wie bei einem Niederbrennen von Karthago oder Tyros aus. Die getäuschte Anna spricht zur sterbenden Schwester, die sie unter Wehklagen in den Arm nimmt. Didos schweren Todeskampf beendet Juno: Sie entsendet Iris, die Pluto eine Locke Didos weiht: «zum Wind ist das Leben entwichen» (4,663–705, hier 705).

Dieses gigantische Ende Didos fasst Vergil in eine seiner trügerischen Abschlussformeln. Makrostrukturell verweist er mit dem Entschwinden von Didos Lebenskraft in die Lüfte schon auf das Unterweltsbuch voraus. Dort wird Aeneas bei seinem unheimlichsten Abenteuer seine verlassene königliche Geliebte noch einmal wiedersehen.

5.5 Im Schutz des Väterkultes: Anchises

Wie die Erzählung des Aeneas zu Beginn von Buch 3 auf den Rauch des bis auf den Grund niedergebrannten Troja zurückblickt (3,3), so blickt die Erzählung zu Beginn von Buch 5 aus der Perspektive des sich wieder auf hoher See befindlichen Aeneas zurück auf die aus Karthago weithin sichtbare Feuersäule, welche die «Mauern der unglücklichen Elissa» in Flammenröte tauchen (5,3–4). Während der Erzähler den Grund dieses Fanals kennt und mitteilt, können die Aeneaden ihn nur erahnen (5,5–7). Trotz des tiefen Einschnitts, den Karthago für Aeneas und Rom bedeutet, knüpft die Erzählung des fünften Buches an das Ende von Aeneas' Apologen an, wo er den Tod des Anchises auf Sizilien beklagt hatte (3,707–714). Mit der Rückfahrt zum Handlungs-Angelpunkt Sizilien kehrt auch das Gedenken in verstärkter Form zurück. Aus figurenpsychologischer Sicht ließe sich die zeitweilige Pflichtvergessenheit des Aeneas ja als Orientierungslosigkeit nach dem Verlust der väterlichen Richtungsweisung lesen. Dieser hatte er ja in seiner Rückschau von Buch 2 und 3 neben den göttlichen Winken entscheidende Bedeutung zugeschrieben. Insofern ist die Rückkehr zur Übergangsstation nach Italien nach dem Vorbild des Phaeakenlandes der *Odyssee* als Einrücken unter die Autorität des von Anchises verkörperten Väterkultes zu deuten. Die Buchkonzeption ist von einem zentralen Großblock geprägt, der die Wettkämpfe zu Ehren von Anchises' Todestag schildert (5,104–604). Gerahmt sind sie von einem kürzeren Abschnitt, der die Überfahrt und das erneute freundliche Willkommen auf Sizilien enthält (5,1–103), und einer erneuten krisenhaften Störung der Gründungsmission durch die von Juno ausgelöste Meuterei der Frauen (5,604–871):

1) Nach weiterem Unwetter und Seesturm, der als viel harmlosere Variante an diejenigen in *Odyssee* 5 und *Aeneis* 1 anknüpft, folgt Aeneas dem Rat des Palinurus und steuert mit günstigem Westwind neuerlich Drepanum auf Sizilien an, wo Anchises begraben liegt (5,1–34). Acestes, der als Sohn der Trojanerin Segesta/Egesta und des sizilischen Flusses Crinisus schon nach seiner Abkunft zum Mittler zwischen Troja und Italien prädestiniert ist, begrüßt die Gäste im Bärenfell und nimmt sie wieder freundlich auf. In einer Ansprache verkündet Aeneas Festspiele am ersten Todestag seines Vaters. Mit dieser Erfindung verbindet Vergil die episch-griechische mit der römisch-religiösen Tradition: Die Leichenspiele der achaischen Krieger für den gefallenen Patroklos in *Ilias* 23 werden in ein durchweg friedliches Umfeld verlegt. Durch seine *pietas* antizipiert Aeneas die feierlichen *ludi funebres* und begründet sogar die Tradition der *parentalia* resp. der *parentatio* mit Opfern am Todestag des Vaters (vgl. Ovid, *Fasti* 2,543–546). Servius erkennt in seinem Kommentar zu *Aen.* 5,45 eine Transparenz des Textes auf zeithistorische Vorgänge (*historia*):

> Vergil gestaltet alles so, als ob göttliche Ehrungen dargebracht würden für Anchises, wie sie bekanntlich dem Julius Caesar erwiesen wurden durch Augustus.

Das Gegenbild zum Kriegsszenario um Troja unterstreicht die Beschreibung eines friedlichen Schlangenwunders beim Opfer am Grabmal des Anchises als Gegenbild zu Laocoons Tötung durch Monsterschlangen. Die Didos Groll und den Stürmen entkommenen Kameraden feiern ein Grillfest (5,35–103).

2) Zu Beginn des Großabschnitts über die Spiele setzt Aeneas verlockende Preise aus und gibt das Startsignal für die von Tro-

janern und Sikulern bestens besuchten Spiele (5,104–124). Zur Eröffnung bieten Aeneas' Leute eine erbittert ausgetragene Regatta zwischen vier ausgewählten Schiffen aus ihrer Flotte. Kampfgeist und Publikumseifer übertreffen sogar noch das Getümmel bei (römischen) Wagenrennen. Nach einigen Intermezzi und Wendungen siegt Cloanthus, dessen Gebet die Götter erhören. Bei der Siegerehrung und Preisverleihung an die Kapitäne und ihre Mannschaften zeigt sich Aeneas überaus großzügig. Die Bildbeschreibung des goldenen Siegermantels mit Ganymeddarstellung greift motivisch auf den Beginn des ersten Buches zurück. Aeneas freut sich, dass er, ganz anders als Odysseus in der *Odyssee*, Schiff und Kameraden wieder zurückgebracht hat (5,125–285, hier 282–283).

Beim Wettlauf in einem auf ebener Grasfläche improvisierten (römischen) «Circus» nehmen neben Trojanern wie dem jungen Euryalus und seinem engen Freund Nisus auch Sizilier u.a. teil. Nisus geht in Führung, rutscht aber auf Opferblut aus; der an dritter Stelle laufende Euryalus bringt daraufhin den Zweiten Salius zu Fall und siegt. Das Paar der unzertrennlichen Freunde, die für das Kriegsbuch 9 zu tragischen Leitfiguren werden (S. 108–111), gewinnt hier im friedlichen Wettkampf bereits persönliches Profil (5,286–361).

Nach dem Faust-/Boxkampf (5,362–484) ruft Aeneas zum Zielschießen mit Pfeil und Bogen auf eine Taube am Mast von Sergestus' Schiff auf: Dabei löst Acestes mit seinem Paradeschuss ein Wunderzeichen (*monstrum*, 5,523) aus, das spätere Seher als *omen* bestätigen werden: Der Pfeil geht in Flammen auf und beschreibt eine Kometenbahn. Die unheilvollen *monstra* der Bücher 2 (Pferd, Schlangen), 3 (Kyklop) und 4 (Didos Fanal) erscheinen durch ein himmlisches Licht- und Segenszeichen überwunden. Darin mag man eine Präfiguration des nach Gaius Julius Caesars Ermordung 44 v. Chr. gesichteten Kometen erkennen, des *sidus Iulium* (S. 54), auch wenn dieses ganze sieben Tage erstrahlte (5,485–544).

Als effektbewusster Spielleiter hat Aeneas zur Schlussüberraschung die Jugendspiele vorgesehen: Diese antizipieren mit Manövern und wendungsreichen Scheinkämpfen, die der

Erzähler in einem Doppelvergleich sowohl mit dem kretischen Labyrinth, dem Ekphrasis-Thema von Buch 6, als auch mit Schwimmbahnen von Delphinen assoziiert, den *lusus Troiae*. Diesen Schaukampf zu Pferd werde Julus dereinst nach Alba Longa bringen und Rom später übernehmen. Ein tödlich ernstes Gegenstück innerhalb des Epos findet die Stelle in der Reiterschlacht von Buch 11, in der die Volskerin Camilla brillieren wird (5,545–603).

3) Nach diesem Ausblick auf die Jetztzeit des Dichters (5,602 *nunc*) wendet sich die Erzählung dem dritten Handlungsblock zu: Wie zu Beginn der Bücher 1 (dort unweit von Sizilien) und 4 (in Karthago) setzt Juno eine Gegenhandlung in Gang, mit der sie zwar kurzfristig einen erneuten Schicksalsumschwung herbeiführt, letztlich aber das Vertrauen des Aeneas in seine Mission neu belebt (5,604–871). In einem Dreischritt rahmen zwei Götterszenen initiierend und kommentierend das Geschehen in der Sphäre der Menschen: Auf Junos Befehl stachelt die «unsympathische» Götterbotin Iris in Gestalt der betagten Beroe die im siebten Jahr der Flucht reisemüden und in Sizilien bleibewilligen Mütter der Trojaner an, die im Hafen unbewachten «Unglücksschiffe» anzuzünden. So entsteht nach den schicksalhaften Bränden von Buch 2 und Buch 4 diesmal ein von trojanischer Seite gelegtes, auf Zerstörung der eigenen Zukunftshoffnungen (5,672) gerichtetes Feuer (5,604–663).

Auf Eumelus' Meldung hin eilt der wie Telemachos in der *Odyssee* zum künftigen Herrscher herangereifte Ascanius herbei und weist die Frauen scharf zurecht. Aeneas erreicht durch ein verzweifeltes Gebet an Jupiter, dass dieser ein – im Gegensatz zu den von Juno ausgelösten meteorologischen Ereignissen für die Aeneaden rettendes – Unwetter mit Starkregen schickt. So gehen nur vier Schiffe durch Brand verloren. Wie beim Sturm in Buch 1 halten sich die Verluste in Grenzen. Aeneas stürzt diese Erschütterung gleichwohl in tiefe Nachdenklichkeit über die weitere Mission, die sich deutlich von seiner Pflichtvergessenheit bei Dido unterscheidet: Die nächtliche Erscheinung des von Jupiter gesandten Geistes von Anchises kommt dem Sohn zur Hilfe: Er unterstützt Nautes' Rat der Gruppenteilung, prophezeit heftige Kriege im rauen Latium und heißt Aeneas, ihn im Geleit der «keuschen Sibylla» im Elysium aufzusuchen. Damit wird die Wegweisung von Helenus in Buch 3 (S. 77 f.) verschärft. Aeneas unterrichtet die Kameraden und Acestes von diesen höchstgöttlichen Anweisungen, rüstet zur Weiterreise, gründet als «neues Troja/Ilium» Acesta (in historischer Zeit: Segesta) und weiht sowohl das Heiligtum der Venus Idalia auf dem Eryx als auch den heiligen Hain für Anchises. So hat Aeneas bei seinen *parentalia* beide Elternteile bedacht und aitiologisch für den künftigen römischen Kult erschlossen. Die Abreise erfolgt wie bei Helenus in Buch 3 nach tränenreichem Abschied und wird durch neuntägige Opfer mit Festessen vorbereitet (5,664–778).

Auf der göttlichen Ebene beklagt Venus bei Neptun (wie in Buch 1 bei Jupiter) sorgenvoll den unersättlichen Groll Junos und bittet Neptun um sichere Überfahrt der Aeneaden nach Laurentum (Latium). Neptun bekennt seine Zuneigung zu Aeneas, den er im Krieg während der Schlacht im Fluss Xanthos (Skamander) sogar vor dem übermächtigen Achill durch Umnebelung (wie Venus in *Aeneis* 1) und Entrückung gerettet habe. Damit verankert die Schutzgottheit der Aeneaden, die sich als solche schon bei der Beendigung des Initial-Seesturms in Buch 1 bewährt hatte, diese Funktion retrospektiv in der *Ilias*, in der die Geschichte von Aineias' Lebensrettung durch Poseidons reaktionsschnelle Tatkraft einlässlich erzählt wird (Homer, *Ilias* 20,288–352). Vor den übrigen Göttern beruft sich Poseidon dabei auf Zeus' Willen und die Schicksalsfügung (20,302 *morimon*), denen zufolge Dardanos' Geschlecht in der Linie von Aineias und dessen Kindeskindern ein Weiterleben beschieden sein soll. Damit dient die *Ilias* Vergil nicht nur als Folie für den heroischen Totenkult um Anchises, sondern auch als Beglaubigung für die italische Zukunft der Aeneaden. Auf der sicheren Seereise zum Avernerhafen werde nur eine Person «für viele» zu Tode kommen. Gegen Mitternacht sucht der Schlafgott Somnus in Gestalt des Phorbas den besonders tatkräftigen und wachsamen Steuermann Palinurus heim, sodass dieser einschläft und mitsamt dem Steuer, auf dem er liegt, ins Meer gespült wird und vergeblich um Hilfe ruft. Die Flotte steuert indes wohlbehalten die Sirenenfelsen an, die «einst» (wie «noch» im 12. Gesang der *Odyssee*) eine tödliche Gefahr darstellten. Aeneas selbst hat das nächtliche Kommando übernommen. Seine Klage um den Verlust des Palinurus überspielt die Fuge zu Buch 6, das direkt mit seinen Tränen um den jüngst Verstorbenen einsetzt (5,779–871).

5.6 Prophetie und Seelenwanderung in helle Zukunft: Sibylla

Das berühmteste und namentlich durch die strukturelle wie motivische *Imitatio* in Dante Alighieris *Divina Commedia* (14. Jahrhundert) wirkungsreichste Einzelbuch der *Aeneis* steht ganz im Zeichen einer Helferfigur, ohne deren Rat und Geleit der Held sein ‹letztes› Abenteuer an der Schwelle zu Latium nicht meistern könnte: Die «langlebige Priesterin» (6,321 *longaeva sacerdos*) Sibylla an Apolls Kultort Cumae in den von vulkanischer Aktivität geprägten Phlegräischen Feldern ist Aeneas' erste Kontaktperson auf dem italischen Festland, deren Bedeutsamkeit ihm doppelt, nämlich von Helenus und Anchises, ans Herz gelegt wurde.

Die Buchkomposition lässt sich als Triptychon von Erzählblöcken deuten. Nach einem schrittweisen Eintreten des Aeneas in die Sphäre der Seherin (6,1–263) folgt der erste Teil der eigentlichen Jenseitsreise, die hier die Form einer nekromantischen Katabasis aufweist, mit dem Abstieg bis zum Tartaros (6,264–627). Als Aufstieg innerhalb des Abstiegs lässt sich der Aufenthalt an den Orten der ewigen Freude und des Lichts deuten, wo Aeneas seinen Vater trifft und dessen prophetische Rede vernimmt (6,628–901).

1) Nach der Ankunft in Cumae geht die Besatzung fröhlich an Land, weil die Küste Hesperiens erreicht ist. Aeneas erklimmt sogleich die Tempelburg des Apollo mit der Riesengrotte der Sibylla. Das Epitheton *horrenda* (6,10) verbindet die Seherin mit einem anderen Höhlenbewohner, dem Kyklopen von Buch 3. Doch das von ihr verkörperte Schaudern wird sich

für die Aeneaden als hilfreicher Blick in eine ambivalente Zukunft voller Härten und Hoffnungen erweisen, während der Menschenfresser für eine mit griechischer Hilfe gemiedene Zivilisationsbedrohung steht. Im heiligen Bezirk sticht Aeneas zunächst der monumentale Bau des von Daedalus zum Dank für seine erfolgreiche Flucht aus Kreta gestifteten und errichteten Tempels ins Auge. Mit dem Leser vertieft sich Aeneas in die Betrachtung der vom Text entfalteten mythischen Daedalus-Bilder von Pasiphaes Leidenschaft für den Stier, die den ungeheuerlichen Minotaurus hervorbrachte; schließlich vom Labyrinth und dem Orientierungsfaden (der Ariadne). In gelehrt-verknappter Reminiszenz erwähnt der Erzähler auch den bei der Flugpremiere tödlich abgestürzten Icarus, an dessen Darstellung der Künstlervater vor Trauer gescheitert ist. Bei ihrem Auftritt unterbricht die Priesterin von Apoll und Artemis die Schaulust (*spectacula*, 6,37) des Aeneas, dessen Kontaktaufnahme mit Karthago ebenfalls über eine Bildbetrachtung an heiligem Ort begann (S. 62 f.). Im Tempel kommt es zur Ekstase der vom Gott erfüllten Seherin, die ebenfalls schreckliche, blutige Kriege prophezeit. Doch Hilfe werde gerade aus einer griechischen Stadt (gemeint: Pallanteum) zuteil. Aeneas verspricht Apoll und Trivia einen Marmortempel (Durchblick auf Augustus' Religionspolitik!) zur Aufbewahrung der sibyllinischen Bücher und bittet die Seherin, ihn in das Totenreich zu Vater Anchises zu geleiten. Sibylla macht die Erfüllung von drei Aufgaben zur Bedingung: i) Gewinnung des goldenen Zweiges; ii) Beisetzung eines unbestatteten Kameraden; iii) Tieropfer (6,1–155).

Diese Aufgaben werden in variierter Reihenfolge sogleich bewältigt: i) Zunächst finden Aeneas und Achates den Trompeter Misenus tot am Strand. Er hatte, wie der Erzähler aufklärt, Triton zu einem Wettstreit herausgefordert und war von diesem im Meer versenkt worden. ii) Der erschütterte Aeneas erhält auf sein Gebet hin von Mutter Venus mittels zweier Tauben Wegweisung zum goldenen Zweig. Die folgende Bestattungszeremonie für Misenus inszeniert die Bestattungserzählung der Patroklie aus der *Ilias* (Homer, *Ilias* 23,1–256) auf römischem Boden in äußerst komprimierter Form neu. Vergil versetzt sie damit hinter seine Adaption von Achills Leichenspielen für Patroklos (Homer, *Ilias* 23,257–897). Der Leichnam wird auf einem Riesenscheiterhaufen verbrannt. Die Aeneaden setzen die Knochen in einem Grabmal, das durch Beigabe von Waffen, Trompete und Ruder zum Denkmal wird, am weithin sichtbaren Hügel des aitiologisch benannten Cap Misenum bei. iii) Bei den giftigen Dünsten des Avernersees erfolgen Tieropfer für die Unterweltsgötter unter Anrufung Hecates. Als sich der Erdboden brüllend unter Hundegebell öffnet, steigen die «Eingeweihten» Sibylla und Aeneas ein (6,156–263).

2) Zunächst bittet der Dichter in einem Binnenprooem die Unterweltsgötter um Erlaubnis, die von ihm vernommenen Geheimnisse der Tiefe und Finsternis zu verkünden (6,264–267, bes. 266).

Wie bei einer Hausführung gelangt die Erzählung zunächst in den Eingangsbereich «der Wohnanlagen des Pluton»: Am Eingang befindet sich der «Stall» resp. «Zwinger» für monströse Mischwesen, welche die epische Erzählung hier gefangenhält und als Antagonisten ausschaltet. Aeneas, der aus blankem Entsetzen zum Schwert greift, wird von Sibylla mit dem Hinweis auf die Phantomhaftigkeit dieser Erscheinungen zurückgehalten. Auf dem Weg zu den aufgewühlten Fluten des Acheron stoßen sie auf den schaudererregenden (6,298), schmutzigen Fährmann Charon, der den Fluss bewacht, zu dem die Toten in Scharen wie fallendes Laub im Herbst oder Zugvögelschwärme drängen. Sibylla erklärt, dass nur die Seelenphantome der Bestatteten übergesetzt würden, während die anderen hundert Jahre herumgeistern müssten, bevor ihnen erneuter Zutritt ans Ufer gestattet sei. Unter den Abgewiesenen erkennt Aeneas voller Mitleid eigene Leute, die im Seesturm (von Buch 1) umkamen, sodass die sang- und klanglos Ertrunkenen hier namentliche Erwähnung und *kleos* (epischen Ruhm) erhalten. Auch erkennt er seinen Steuermann Palinurus, der erst «neulich auf der Überfahrt von Libyen» (am Ende von Buch 5) vom Schiff gefallen war und nun sogar eine lebendige Erzählstimme erhält. Er darf nicht mitfahren, wird aber mit der Aussicht auf Bestattung und die Aitiologie des Kap Palinuro vertröstet. Den Widerstand Charons gegen Aeneas' Überfahrt bricht Sibylla rasch durch Vorstellung des braven Aeneas und durch Vorzeigen des goldenen Zweiges (6,268–416).

Vom Acheronfluss geht es weiter zum Tartarus: Den dreiköpfigen Wachhund Cerberus mit seinen Schlangen am Nacken betäubt Sibylla mittels eines mit Honig und Wirkstoffen versehenen «Kuchens» (*offa*). In Ufernähe und vor der Weggabelung zu Tartarus und Elysium begegnen fünf Phantomgruppen von früh respektive gewaltsam Verstorbenen: Unter den Opfern von Liebestod hält sich auch Dido auf. Sie wendet sich vom schuldbewusst weinenden und sich rechtfertigenden, liebenden Aeneas wortlos und starr (wie ein Marmorfelsen) ab, entschwindet zu Sychaeus und trägt mit diesem endgültigen Schlussstrich den emotionalen Sieg über Aeneas davon. Bei den Opfern von Kriegstod führt Aeneas unter Klagen Gespräche mit Kameraden aus dem trojanischen Krieg. Sibylla mahnt angesichts des beginnenden Nachmittages zur Eile und erklärt die Weggabelung: Rechts befänden sich Plutons «Stadtmauern» und das Elysium; zur Linken liege die durch Feuerflüsse und Dreifachmauer befestigte Strafbastion des Tartarus (ab 6,548) (6,417–627).

3) Die Unterweltsbesucher betreten die lieblich grünenden «Gefilde der Seligen», nachdem Aeneas sich mit frischem Wasser besprengt und am Eingangstor den goldenen Zweig dargebracht hat: Tief im grünenden, bukolischen Tal treffen sie Anchises, der gerade die zum Lebenslicht zurückstrebenden Seelen seiner Leute mustert, an denen die Zukunft hängt. Unter Freudentränen begrüßt der Vater den Sohn. Beide tauschen sich kurz im tränenseligen Gespräch aus, doch bleibt ihnen eine Umarmung verwehrt wie Odysseus und seiner Mutter in *Odyssee* 11,204–208 a. Aeneas erblickt Hain und Fluss der Lethe, den Seelenphantome aller Völker und Nationen umschwirren wie Bienen (aus *Georgica* 4) eine sommerliche Blumenwiese. Anchises erklärt dem erschrocken fragenden Aeneas, dass hier die für eine Reinkarnation vorgesehenen Seelen das Wasser des Vergessens trinken. Anchises möchte gleich mit der erbaulichen und Aeneas freudvoll bestärkenden Aufzählung seiner ruhmreichen Nachkommenschaft beginnen. Doch zuvor erläutert er

dem über die Gier der Phantome nach Lebenslicht befremdeten Aeneas wie ein Lehrdichter die Prinzipien der Seelenwanderung (6,724–751). Diese sind nach platonisch-stoisch-orphisch-pythagoreischen Mustern modelliert, aber in lucrezischer Diktion gehalten. Nach tausend Jahren der Läuterung bleibt nur noch das ätherisch-geistig-reine Urfeuer der Seele zurück und kann ohne Erinnerung an Früheres in einen neuen Körper eingehen (6,628–751).

Von einem Hügel aus identifiziert Anchises inmitten der Seelenschwärme in einer Prozession der wichtigsten Römer die für die künftige Größe von Aeneas' Nachkommen entscheidenden Persönlichkeiten: i) die Könige von Alba Longa; ii) Romulus als Gründer der ruhmreichen, übermächtigen und stolzen Roma; iii) «deine Römer» symbolisieren der vergöttlichte (Julius) Caesar und Augustus Caesar, der Begründer eines (neuen) Goldenen Zeitalters und (märchenhafte) Mehrer römischer Macht (S. 48–52). In den Blick kommen als nächste römische Könige, die *anima superba* des Republikbegründers Brutus und weitere. Es folgt eine historisch transparente Anspielung auf die nun einträchtigen, aber künftig sich im Verwandtenkrieg bekämpfenden Seelen von Schwiegervater (Caesar/Westen) und Schwiegersohn (Pompeius/Osten), die Anchises eindringlich vor dem schauerlichen Bürgerkrieg warnt und zu Versöhnlichkeit auffordert. Der Epilog proklamiert als Roms welthistorische Mission eine sittlich fundierte Friedensordnung (S. 40) (6,752–887).

Zum Schluss kommt Anchises auf das zeitlich Nächstliegende zu sprechen und belehrt Aeneas, der in Leidenschaft vor Zukunftsruhm entbrennt (6,889), über Latiums Völker und bevorstehende Kriege. Der Wiederaufstieg führt Aeneas und Sibylla durch das elfenbeinerne Tor des Schlafes. Aeneas kehrt ohne großen Abschied von seiner in vieler Hinsicht zukunftsträchtigen Geleitfigur Sibylla zu seinen Kameraden zurück, mit denen er bald in Caieta anlegt (6,888–901). Verglichen mit der teiresianischen Prophetie für den Unterweltsbesucher Odysseus eröffnet die durch Sibylla vermittelte und durch ihre Person sogar verewigte Prophetie, die Aeneas erfährt, ein viel weiteres und auf das kollektive Geschick der Römer bezogenes Zukunftspanorama.

5.7 Dilemma und Bewährung im gelobten Land: Latinus

Die Fuge zwischen den Büchern 6 und 7 und damit zwischen der ersten und der zweiten Werkhälfte seines Epos überspielt Vergil dadurch, dass er Buch 7 mit einer (nach Misenus in Buch 6) weiteren aitiologischen Bestattung eröffnet, nämlich derjenigen von Aeneas' Amme Caieta. Er bleibt damit im Bann der für das künftige Rom als Ahnenreservoir so ruhmreichen Totenwelt. Das Buchganze ist wiederum als Triptychon angelegt. Der erste Großabschnitt gilt der friedlichen Kontaktaufnahme der Aeneaden mit König Latinus (7,1–285). Im zweiten Block löst Juno mit der Furie Allecto als Werkzeug eine weitere Gegenaktion aus (7,286–571). So wird im dritten Block gegen den Willen von König Latinus der latinisch-aeneadische Krieg entfesselt (7,572–817).

1) Die Bestattung Caietas kleidet der Erzähler in den Ausblick, dass deren Andenken im «großen Hesperien auf ewig» durch den Namen der Küstenstadt Gaeta geehrt werde. Den Aeneaden gelingt durch Neptunus' Gunst gefahrlose Vorbeifahrt an der Küste der für Odysseus' Leute in *Odyssee* 10 «einst» erst bedrohlichen und dann verlockenden Circe. Von ihren «hoheitlichen Behausungen» aus sind die Laute der von der Zauberin in Löwen, Schweine, Bären und Wölfe verwandelten Menschen zu hören. Mit der Morgenröte kommen die Aeneaden am lieblichen Ort der Tibermündung an (7,1–45a) (zu 7,37–41 vgl. S. 13f.).

Latium, das verheißene Land, sein König und die Aeneaden treten nun im Raum sowohl der Prophezeiung als auch der Handlungsrealität in Beziehung: Herrscher ist der friedliebende Latinus, ein Urenkel des Saturnus, der das paradiesische Goldzeitalter symbolisiert (S. 19f., 30). Dessen einzige Tochter Lavinia hat mächtige Brautwerber. Favorit der Königin Amata ist der schöne, edle und mächtige Rutulerfürst Turnus. Doch göttliche Vorzeichen stehen dieser Verbindung entgegen: a) Ein Bienenschwarm, der sich am Ast des heiligen Lorbeerbaums im Palast sammelt, verweist auf die Ankunft des auswärtigen Heeres der Trojaner; b) Ein an Haar und Krone Lavinias aufloderndes Feuer (wie bei Ascanius in Buch 2 und bei Augustus in Buch 8) kündigt deren Ruhm nach schrecklichen Kriegen um ihre Person an; c) Ein Orakel von Latinus' Vater Faunus an der Schwefelquelle Albunea prophezeit den auswärtigen Schwiegersohn und das gewaltige Weltreich der gemeinsamen Abkömmlinge. Beim Mahl der Aeneaden verspeisen sie hungrig die Weizenkuchen, die als Speiseunterlage dienten: Diese Erfüllung des Tischverzehrprodigiums, hier als einstige Weissagung des Anchises memoriert, in Buch 3 von Celaeno geäußert und von Helenus relativiert, bestätigt das Erreichen des gelobten Landes, wie Fama, die nach Buch 4 erneut aktiv wird, rasch verbreitet. Aeneas entsendet nach Opfern und unter guten Vorzeichen Jupiters hundert Unterhändler (*oratores*) zu Latinus und umfriedet symbolisch seine neue Ansiedlung. Die Trojaner finden in der erhabenen Burg des Latinus gastfreundliche Aufnahme. Die märchenhaft riesige und bilderreiche Residenz, «durch die Hundertzahl erhaben an Säulen» (7,170), ist nicht nur eine Präfiguration des römischen Kapitols. Durch die mehrfache Auszeichnung von Stadt und Palast durch das Epitheton *augustus* (7,153 und 7,170) ist Latinus' Welt auch mit dem Princeps von Vergils Gegenwart koordiniert. Latinus erkennt nun in den bereits angekündigten Ankömmlingen die Nachfahren des aus Latium stammenden Dardanus. Insofern scheint sich die freundschaftliche Exposition der Aufnahme in Karthago von Buch 1 zu wiederholen. Auf Ilioneus' Vorstellung als Gesandtschaft des Aeneas, Erläuterung ihres Geschicks wie ihrer Sendung und die konkrete Bitte hin gewährt Latinus, der das Faunus-Orakel bestätigt sieht, Frieden und Land. Er lässt Aeneas eine Einladung übermitteln, in dem er den verheißenen auswärtigen Bräutigam seiner Tochter erkennt (7,45b–285).

2) Das vorzeitige glückliche Ende wird durch neuerliche göttliche Gegenhandlung vereitelt. Denn Juno entwickelt nach anfänglicher Resignation – sie fühlt sich (ähnlich wie zu Beginn von Buch 1) hinter Mars und Diana zurückgesetzt, denen Rache an den Lapithen resp. Calydon gewährt wurde – den Plan, aus Hass auf die Trojaner und den «neuen Paris» (7,321) Aeneas

den Lauf der Dinge durch hohen Blutzoll bei Bruderkriegen in Latium zu verzögern, indem sie Unterweltsmächte in Gestalt der schauerlichsten Kriegsfurie Allecto (7,328 *monstrum*) auf die Erde zitiert. Dieser Rückfall in die der Erzählung bereits überwunden scheinende Totenwelt aus Buch 6 verweist auf eine mythische Wiederholung in Gestalt einer Neuauflage des trojanischen Krieges auf italischem Boden (7,286–340).

Gehorsam wirkt Allecto auf verschiedene Personen heimtückisch im Sinne der Kriegshetze ein: i) auf Amata (bis 7,405) mithilfe einer wandlungsreichen Schlange aus ihrer ‹Haarpracht›, die der Königin Vipernwesen einflößt (wie Amor in Buch 1 Dido tödliche Lust): Nach vergeblichem Appell an Latinus, doch Turnus den Vorzug vor dem treulosen Trojaner zu geben, rast Amata wie Dido in Buch 4 bakchantisch herum wie ein Kreisel beim ausgelassenen kindlichen Spiel und versteckt ihre Tochter in den Bergen, wohin sie auch andere Latinerinnen als Maenaden lockt; ii) auf Turnus (bis 7,474), dem sie in der von Danae gegründeten Stadt Ardea zunächst in Gestalt der Juno-Priesterin Calybe im Schlaf erscheint. Schließlich zeigt sich Allecto in wahrer Ekelgestalt und impft ihm das Feuer wahnwitziger Aggression ein (7,460 *arma amens fremit …*) wie bei brodelndem und dampfendem Wasser im glutheißen Kessel. Hierin ähnelt er dem Aeneas von 2,314. So sammelt er die Rutuler zum Krieg, um die Heimat Italien zu befreien; iii) auf Ascanius/Julus bei der Jagd (bis 7,539), indem Allecto dessen Jagdhunde auf den zahmen Hirsch von Latinus' Oberhirten Tyrrhus und dessen Tochter Silvia hetzt, sodass Ascanius das geliebte Tier schwer verwundet. So entbrennt ein Kampf zwischen den latinischen Bauern und der trojanischen Jugend (7,341–539). Erst nachdem ihr Juno weiteres Unheilstiften auf Erden untersagt, steigt Allecto durch eine «Höhle des Schauderns» in die Unterwelt hinab (7,540–571).

3) Durch die unterweltliche Friedensstörung in seinem ‹bukolischen› Umfeld gerät der friedliebende Latinus unter Druck: Der von den Bauern, von Turnus, von Amata, ihren Bakchantinnen und deren Angehörigen bestürmte König sträubt sich wie ein Fels in der Brandung gegen die Kriegshysterie. Er ver-

heißt seinem Volk und Turnus schlimme Vergeltung und gibt die Zügel der Herrschaft ab. Da Latinus es ablehnt, durch Öffnung der Kriegstore des Ianus – eine Sitte, die Rom dem Erzähler zufolge «jetzt noch» (7,603 *nunc*) beibehalten hat (vgl. Buch 1, S. 46–48), wenn es etwa um die Rückeroberung der Feldzeichen von den Parthern geht (7,606) – formell den Aeneaden den Krieg zu erklären, kommt Juno vom Himmel herab und stößt persönlich die Tore auf. Die Bewohner von Atina, Tibur, Ardea, Crustumerium und Antemna rüsten eifrigst auf, greifen zu den Waffen und ziehen in den Krieg (7,572–640).

Nach einem an Hesiods *Theogonie* angelehnten Binnenprooemium an die erinnerungsmächtigen Musen entfaltet der Erzähler in Variation des Schiffskatalogs in *Ilias* 2 seinen Katalog der zum Krieg versammelten «Männer» und «Waffen» Italiens. Die Vielzahl der Männer wird mit Meereswogen im Wind und Ähren unter der Sonne verglichen. Den Höhepunkt bildet der alle überragende Turnus mit seinem feuerschnaubenden Chimaera-Helm und edlen Schild, auf dem die in eine Kuh verwandelte ‹Stammmutter› Io mit Argus und Inachus abgebildet ist, als Anführer der Rutuler. Die flinke Volskerprinzessin Camilla mit ihrer amazonischen Reitertruppe wird in Buch 11 Gelegenheit zur Aristie erhalten (7,641–817).

Den durch Allecto versinnbildlichten Kriegswahnsinn bildet die Erzählung als Rückfall in Darstellungsformen der *Ilias* wie Binnenprooemien, Kampfszenen, deren Grausamkeit durch das bukolische Ambiente noch irrwitziger erscheint, und Kriegerkataloge ab. Genealogische und topographische Kontinuitäten des als *socii* mit Rom verbundenen latinischen Kulturraums unterstreichen den Wahnsinn der uranfänglichen Zerwürfnisse. Die als Identitätsausweise vom Erzähler angebrachten Gründungslegenden schaffen eine feste Rückbindung der heroischen Ur-Latiner an den Hauptstrom der griechischen Mythologie. Auf der Ebene der Hauptpersonen der Handlung setzt Vergil (wie schon in Buch 4) die Konfliktentwicklung nach tragischen Modellen insbesondere des Euripides in Gang. Die verstörenden Momente der dionysischen Raserei adaptieren die *Bakchen*, während die übernatürliche Injektion von Wahn (bei Amata und Turnus) den *Herakles* aktualisiert. Durch seine Verweigerung, orakelwidrig eine unheilvolle Gewaltspirale in Gang zu setzen, ist Latinus indes als Gegenbild eines Tragödientyrannen gestaltet.

5.8 Ur-Rom und palatinische Herrlichkeit: Euander

Während in dem als völlig verkehrt gebrandmarkten feindseligen Zusammenschluss gegen die Aeneaden bereits das historische Latium und Etrurien Gestalt gewinnen, gerät nun in einer antithetischen Klimax das künftige Rom in den Blick der Erzählung. Die wesentlich durch Handlungen des Helden oder seiner Unterstützer perspektivierte Erzählung lässt sich erneut in drei Blöcke auffächern: Die ersten 101 Verse beschreiben die Formierung der Kriegsparteien und ihrer Verbündeten (8,1–101). Der zweite Block entfaltet Aeneas' Aufenthalt bei Euander in Pallanteum. Die Person des Königs und seine hier für alle Zeit grundgelegte Verbindung mit den Aeneaden sind für den weiteren Verlauf des Epos wie der Historie als so wesentlich markiert, dass man in Euander die dramatische Leitfigur dieses Buches erkennen kann (8,102–369). War Buch 7 von der göttlichen Gegenhandlung Junos beherrscht, so dient der große dritte Block von Buch 8 der umfassenden Kriegsertüchtigung des Aeneas durch seine göttliche Mutter Venus (8,370–731).

1) Um die Fuge zu Buch 7 zu überspielen, verweilt die Erzählung noch kurz bei der latinischen Partei: Turnus gibt von der «Burg» Laurentums aus das Kriegssignal, dem zunächst Messapus, Ufens und Mezentius folgen. Infolge der überdrehten Kriegsrüstung in Latium versinkt Aeneas in tiefer Nachdenklichkeit und Sorge. Sein Hin- und Herüberlegen gleicht den flackernden Reflexen von Sonnen- oder Mondlicht in bewegtem Kesselwasser. Dem spät eingeschlafenen Aeneas erscheint am lieblichen Ufer der Flussgott Tiberinus mit grünlichem Leinengewand und Schilfhaar: Er gibt ihm als erster prophetischer Wegweiser in Latium Gewissheit, dass die neue Heimat nun erreicht sei. Zur Bekräftigung dient das Sauprodigium, das Helenus' Prophezeiung in Buch 3 bestätigt. Wo Aeneas eine weiße Sau mit 30 Fer-

keln erblicke, werde Ascanius dreißig Jahre später eine Stadt (Alba) gründen. Zudem empfiehlt der Fluss den aus Arkadien stammenden Euander, der auf der Burg von Pallanteum herrscht, dem Aeneas als Bündnispartner gegen die Latiner. Als sich am Ufer die strahlende Wundersau mit ihren Jungen zeigt, opfert Aeneas sie der Juno. Nach ruhiger Fahrt auf dem wohlwollenden Strom des Tiber erreichen die Aeneaden die bescheidene Siedlung Euanders, aus der, wie der Erzähler vorausschauend vermerkt, die jetzige Weltmacht Rom erwachsen ist (8,18–101).

2) Die Ankunft der Aeneaden erschreckt die Arkader zunächst bei ihrem vorstädtischen Opferfest für Hercules. Aeneas stellt sich Euanders Sohn Pallas vom hohen Deck aus den Friedensölzweig hebend als Trojaner auf der Suche nach Kriegsverbündeten gegen die Latiner vor. Pallas geleitet Aeneas in den Hain zu Euander, dem er sich als Bittflehender naht: Euander fühlt sich durch Aeneas' Gestalt und Auftreten an seinen alten Gastfreund Anchises erinnert, den er einst in ganz jungen Jahren kennenlernte. So erneuert Vergil die Telemachie der *Odyssee* auf italischem Boden: Denn auf seiner Erkundungsreise nach dem Verbleib des Vaters gelangt Telemach auch nach Sparta. Das heimgekehrte und wiedervereinte Paar Helena und Menelaos identifiziert den Besucher, der in eine Hochzeitsfeier platzt, anhand seiner Ähnlichkeit mit dem Vater sogleich als Sohn des Odysseus (Hom. *Od.* 4,137–154). Euander gewährt voll Sympathie Aeneas' Bitte, kündigt für den Folgetag Unterstützung an und lädt die neuen Bündnispartner ein, mit ihnen das jährliche Herculesfest zu begehen (8,102–183).

Über den wie der homerische Nestor erzählfreudigen Euander vermittelt Vergil die mythologisch-aitiologische Dimension der stadtrömischen Vorgeschichte: Euander erklärt den einheimischen Ursprung dieses aufwändigen Dankfestes und des gewaltigen Altars. Sie verewigen das Andenken, wie man einst den ungeheuren, feuerspeienden, kannibalischen Vulcanus-Sohn und Höhlenbewohner Cacus bezwungen hat. Aus Dankbarkeit errichten die Urväter der *gentes Potitia et Pinaria* den Riesenaltar der *Ara maxima* (8,184–275). Der Kulturheros Herakles ist als inspirierende mythische Parallelfigur, die ebenfalls Junos

Hass überwand, und als bleibender ritualisierter Schutzgott für die Aeneaden und späteren Römer samt ihrer Herrscher modelliert (8,276–305).

Nach dem Opferfest vertreiben sich der staunende Aeneas und Euander die Zeit mit Gesprächen (*sermones*): Euander, der Gründer der römischen Burg, belehrt Aeneas auf dessen Bitte hin über die Vorgeschichte Latiums, indem er eine Kulturentstehung mit Zeitaltermythos entfaltet: Saturnus' friedlichem Goldzeitalter (S. 19 f.; 30) folgte eine schlechtere, von Kriegswut und Habgier geprägte Epoche. Auf dem Spaziergang zu Euanders Haus erhält Aeneas – wie von Sibylla in Buch 6 eine Unterweltsführung – eine Stadtführung durch Ur-Rom. Euander lädt Aeneas in sein schlichtes Heim ein – das wohl an der Stelle von Augustus' späterem Haus auf dem Palatin zu verorten ist –, das er nicht verachten solle, da schon Hercules hier zu Gast war, und lässt ihn auf Matten aus Laub und Löwenfell Platz nehmen (8,306–369).

3) Von der bei aller Einfachheit schon in Urzeiten kultreichen Stadt Pallanteum ist der Weg zur Göttersphäre nicht weit. Die Erzählung schwenkt auf Venus um, die in ihrem Bereich Aeneas zuarbeitet: Aus Sorge um die Aeneaden umgarnt die Liebesgöttin – wie einst mit ihrer Unterstützung Hera den Zeus in der *Ilias* (14,153–353) – ihren ungleichen Gatten Vulcanus im Goldschlafzimmer und entflammt ihn rasch zu feurigster Leidenschaft. Diese gleicht flackerndem Blitzstrahl und heftigem Donnerschlag und prägt eine Gegengeschichte zur berühmten Götterburleske um Aphrodites ehebrecherisches Verhältnis mit Ares und die Bloßstellung der beiden durch Hephaistos und sein Gitternetz (Hom. *Od.* 8,266–366). Nach der Liebesnacht steht Vulcanus weit vor Tagesanbruch auf wie eine Witwe, die ihren Lebensunterhalt mit Spinnen und Weben fristen muss, und begibt sich vom Olymp in seine Schmiede auf der Insel Vulcania (Volcano) bei Sizilien. In den von emsigster Betriebsamkeit widerhallenden Höhlenfabriken der dort (anders als in Buch 3) waffenschmiedenden Cyclopen gibt Vulcanus die Anweisung, alle laufenden Arbeiten für Jupiter, Mars und Minerva liegen zu lassen, da die eilige Herstellung riesiger kunstvoller Waffen für

den Krieger Aeneas höchste Priorität genieße. Die Cyclopen stürzen sich mit Eifer auf die neue Arbeit (8,370–453).

Nach einem Szenenwechsel nach Pallanteum rüstet sich Euander am frühen Morgen und trifft vor dessen Abschied zu erneutem Gespräch mit Aeneas zusammen. Er bittet um Nachsicht für die einem Krieg gegen die Rutuler nicht entsprechenden Kräfte der Arkader. Es stehe jedoch glücklicherweise eine etruskische Heeresmacht aus dem von den Lydern gegründeten Agylla (Caere) bereit, die gegen den wegen seiner Blutrünstigkeit abgesetzten Tyrannen Mezentius geführt werden möchte. Euander erachte Aeneas als prädestiniert für diese Aufgabe, bei der ihm Euanders halbitalischer Sohn Pallas, der eine sabellische Mutter habe, mit 200 Reitern und Kerntruppen zur Seite stehen werde (8,469–519).

Als Aeneas und Achates traurig über die Härten des Bevorstehenden grübeln, lässt Venus ein Zeichen am heiteren Himmel erscheinen: Kriegstrompeten dröhnen, Waffen blitzen rötlich und krachen donnernd aufeinander. Aeneas erkennt darin die Einlösung eines Versprechens seiner Mutter, ihm mit göttlichen Waffen aus Vulcans Werkstatt zu helfen. Sein Kriegseinsatz wird also vom Olymp gefordert und gefördert. Daraufhin opfern Aeneas, Euander und die übrigen Trojaner erneut. Aeneas wählt die Tüchtigsten seiner Leute für den Krieg aus und schickt die übrigen als Boten zu Ascanius. Euander bittet die Götter um wohlbehaltene Rückkehr seines Sohnes. Diesen hatte er zuvor als einen neuen Telemachos dem Aeneas als Mentor anvertraut (8,514–519) und damit in tragischer Verstrickung dessen Verwandlung in einen neuen Patroklos in Gang gesetzt. Sollte Fortuna das Überleben des Pallas verwehren, wolle Euander lieber zuvor sterben. Nach diesen Worten bricht er zusammen (wie Dido nach ihrem Zerwürfnis mit Aeneas, 4,391–392). An der Spitze der Reiter rückt Aeneas mit Pallas aus, der dem Morgenstern gleicht (8,520–607).

Venus kommt persönlich vom Himmel mit zukunftsträchtigen Geschenken für Aeneas und nimmt ihren Sohn in den Arm – eine deutliche Steigerung gegenüber der zunächst incognito erfolgenden Hilfestellung in Buch 1: Aeneas betrachtet freudig staunend die prächtigen Kunstwerke (Helm, Brustpanzer, Beinschienen), vor allem das «nicht auszuerzählende Kunststück» des Schildes (zu dessen augusteischer Dimension S. 52–58). Der Erzähler bietet eine Ekphrasis der Serie von Szenenbildern aus der künftigen römischen (Kriegs-)Geschichte: «Zwischen» der Wölfin mit den Zwillingen Romulus und Remus (8,630–634), dem Raub der Sabinerinnen (8,635–637a), dem Etruskerkönig Lars Porsenna, Horatius Cocles, Cato Uticensis und anderen sind als Glanzpunkte die Bilder aus der Zeitgeschichte angeordnet. Sie überhöhen die Seeschlacht von Actium zum ‹Weltkonflikt› auf menschlicher und göttlicher Ebene (8,671–728).

Der erste Betrachter und Besitzer Aeneas ist voll des freudigen, aber unkundigen Staunens und schultert das ruhmreiche Schicksal seiner Nachkommen (8,603–731).

Dieses konnte er nach der vom Phantom des Anchises prophetisch vermittelten Heldenseelenparade in Buch 6 nun in chronologisch sequenzierten Geschichtsbildern auf sich wirken lassen. Sie werten die ihm auferlegte Mission der Urbegründung, Etablierung, Verteidigung und Erweiterung der Keimzelle des künftigen Rom zum Präzedenzfall, aber auch zur *condicio, sine qua non* der auf Ewigkeit angelegten Erfolgsgeschichte auf.

5.9 Kriegsgräuel und Heldentod: Nisus und Euryalus

Der Blick des Erzählers lässt nun Aeneas mit den göttlichen Waffen und strategischen Plänen im Vorfeld Pallanteums zurück, um zum Kriegsschauplatz bei der neugegründeten Stadt der Aeneaden zu wechseln. Das erste Kampfbuch der ‹römischen *Ilias*› gilt ganz den Gräueln des Krieges, die im Schlachtentod des Freundespaares Nisus und Euryalus in tragischer Form verdichtet sind. Strukturell ist auch dieses Buch als Triptychon angelegt. Ein erster Block gilt der Aggression der von Turnus geführten Italer am ersten Belagerungstag (9,1–175). Der große Mittelblock (9,176–502) schildert die waghalsige und schließlich tödliche nächtliche Mission von Nisus und Euryalus als römische Spielart der Dolonie im zehnten Buch der *Ilias*. Der dritte Block führt mit dem Angriff der Italer auf das Aeneadenlager und der Aristie des Turnus am zweiten Belagerungstag zu einer Krisenverschärfung auf Seiten der Trojaner (9,503–818).

1) In Junos Auftrag rät die erneut unheilvolle Götterbotin Iris dem «verwegenen» Turnus, Aeneas' Abwesenheit zu nutzen, um sich und seine Anhänger zu bewaffnen und die Stadt im Sturm zu nehmen (9,1–24).

Turnus rückt daraufhin wie eine Naturgewalt und staubaufwirbelnd gegen die Stadt der Aeneaden aus. Die Trojaner verschanzen sich Aeneas' strikter Weisung gemäß rein defensiv in ihrer Stadt und verrammeln die Tore. Turnus streicht zu Pferd um die unzugängliche und verbarrikadierte Festung wie ein hungriger Wolf um einen gut gesicherten Schafstall. In rasendem Kriegseifer beschließt er, die Schiffe der Gegner (nach dem Vorbild der «Siegesvision» in *Ilias* 8,180–183) in Brand zu setzen (9,25–76).

Die Erzählung blickt nach Binnenmusenanruf in einer Analepse zurück auf ein Göttergespräch, das Kybele (vgl. Buch 6, S. 50) mit Jupiter führte (9,77–109). Der verheißene Tag der Verwandlung ist gekommen, da Turnus' rechtloses Wüten die Göttin zum Eingreifen veranlasst. Aus einer riesigen Wolke ertönt am Morgen Kybeles «schaudererregende» (*horrenda*) Stimme, die den Schiffen befiehlt, zum allgemeinen Erstaunen Delphinen gleich als jugendliche Göttinnen des Meeres davonzuschwimmen. Turnus deutet dieses «Wunderzeichen» in längerer Rede als Schwächung der Trojaner (9,110–175).

2) Der junge Nisus verspürt auf seinem Posten am Tor einen solchen Tatendrang, dass er dahinter göttliches Wirken vermutet. Nisus und sein noch jüngerer Herzensfreund Euryalus schmieden den Plan, sich aus der belagerten Stadt zu schleichen, während die Feinde nach ihrem Gelage weinselig schlafen (vgl. Buch 2), um sich zu Aeneas durchzuschlagen und diesem die Bedrohung der Stadt zu melden. Nisus ist dazu bereit, bei dieser Mission sein Leben zu riskieren, will aber Euryalus, dessen Mutter bis nach Latium mitgekommen ist, geschont wissen. Der jüngere Freund besteht jedoch auf gemeinsamem Wagnis (9,176–223).

Während die anderen schlafen, beraten die Kommandeure der Trojaner darüber, wer Aeneas Bericht erstatten soll. Nisus und Euryalus bieten ihre Hilfe an. Julus/Ascanius verspricht ihnen auf Anregung des alten Aletes überreiche Geschenke und stellt – ganz im Geist des archaisch-homerischen Heroismus – üppige Beutestücke wie Pferd und Waffen des Turnus und Beutefrauen für den Fall der Eroberung Italiens in Aussicht. Julus möchte zudem Euryalus zum engsten Vertrauten in Kriegs- und Friedensfragen erheben. Er wolle die Mutter des jungen Euryalus, die dieser nun ohne Abschied verlasse, wie eine eigene Mutter trösten und umsorgen, falls diesem etwas zustoße (9,224–313).

Nisus und Euryalus nutzen nunmehr die günstige Gelegenheit und richten ein Blutbad unter den schlafenden Belagerern an. Sie gleichen bis zum Wahnsinn ausgehungerten Löwen, die in einem Schafstall viele Tiere reißen. Euryalus setzt sich den erbeuteten Helm von Messapus auf (9,314–366).

Feindliche Soldaten, die unter der Führung von Volcens aus der Stadt des Latinus ausrücken, bemerken die beiden, die sich – immer übermütiger werdend – unbekümmert in der Dämmerung bewegen, an dem im Zwielicht aufblitzenden Helm des Euryalus. Sie stellen Nisus und Euryalus, die schnell in den Eichenwald fliehen. Die Reiter schneiden ihnen jeden Fluchtweg ab. Euryalus und Nisus verlieren sich aus den Augen, da Euryalus durch das Gewicht seiner üppigen Beutestücke behindert ist und sich aus Angst verlaufen hat. Nisus, der schon fast in Sicherheit war, geht auf die Suche nach seinem Freund. Er findet ihn, von den Feinden umringt, die er durch Speerwürfe abzulenken sucht. Dabei trifft er Sulmo und Tagus tödlich. Da Volcens den Angreifer nicht sehen kann und sich für den Tod seiner Begleiter rächen will, stürzt er sich auf Euryalus. Nisus gibt sich zu erkennen, um Volcens' Wut auf sich alleine zu ziehen. Volcens tötet zunächst Euryalus, der wie eine vom Pflug abgemähte purpurrote Blume oder eine vom Regenwasser beschwerte Mohnblüte zu Boden sinkt. Nisus stürzt sich rasend in den Kampf und raubt sterbend noch Volcens mit dem Schwert das Leben. Der Dichter preist die jugendlichen Aeneaden selig, indem er ihnen ewigen Ruhm durch sein Gedicht verheißt

(9,367–449). Die Volsker greifen die Stadt an und tragen die abgetrennten Häupter von Nisus und Euryalus als scheußliche Trophäen voran (vgl. Buch 2 Hektor; Buch 6 Deiphobus). Die Mutter des Euryalus sieht den Kopf ihres Sohnes, klagt bitterlich, indem sie Teile des *Ilias*-Prooems zitiert (9,485–486 mit Zitat von *Ilias* 1,4–5), stellt sich in die vorderste Reihe auf den Wall und bittet in ihrer Trauer darum, selbst getötet zu werden. Idaeus und Actor bringen sie jedoch in Sicherheit (9,450–502).

3) Es entbrennt eine heiße Belagerungsschlacht um die Stadt. Die Italer bilden ein Schilddach (*testudo*) und suchen den Graben zuzuschütten, um eine Bresche in die Mauern zu schlagen. Turnus bringt einen (wohl freistehenden) Turm außerhalb von Wall und Graben durch Feuer zum Einsturz und tötet so fast alle Verteidiger. Es folgen Einzelkämpfe mit wechselndem Siegerglück (9,503–589).

Ascanius/Julus vollbringt seine erste Kriegstat: Numanus/Remulus, der Schwager des Turnus, schmäht die «Phryger» lautstark als Mädchen, Weichlinge und Feiglinge, die sich hinter den Mauern der Stadt verbergen, weil sie den abgehärteten, gestählten und bis ins hohe Alter beutegierigen Italern nicht gewachsen sind. Julus erträgt die Schmähreden nicht mehr, betet zu Jupiter, dem er das Opfer eines weißen Stieres verspricht, und erschießt mit dessen donnernder Unterstützung mit Pfeil und Bogen den Numanus. Apollo kommentiert diesen Schuss von einer Wolke herab mit einem Lobpreis des Ascanius als Götterspross und als Ahnherrn künftiger Götter (den Juliern) und eines schicksalsgewollten Weltreiches (S. 41–58). Apollo erscheint ihm sodann in Gestalt des alten Butes, des Waffenträgers und Beschützers des Anchises, und verbietet dem kampflustigen Ascanius weitere Gewaltanwendung (9,590–671).

Dem zornigen Turnus gelingt der Vorstoß in die Stadt. Er bringt den feuerwilden Bitias mit Hilfe eines Riesengeschosses (*phalarica*) zu Fall. Diesen Vorgang vergleicht der Erzähler mit der bis Inarime/Ischia und Prochyta/Procida spürbaren Aufwühlung des Meeres bei Baiae, wenn am dortigen Strand ein Fundamentpfeiler im Wasser versenkt wird. Pandarus versperrt die Tore daraufhin wieder, sodass er auch Turnus einschließt (9,672–755).

Statt die Chance zu nutzen, die Tore der Stadt für den Einfall der Latiner wieder zu öffnen, wütet Turnus irrsinnig und von Juno gekräftigt innerhalb der Mauern. Schließlich aber gerät er mächtig ins Schwitzen und Schnaufen. Ihm bleibt letztlich nur der Sprung in den Tiber, um sein Leben zu retten (9,756–818).

Das erste Kampfbuch der *Aeneis* hat Vergil durch Neuarrangement von sprachlichen und motivischen Vorbildern Homers zu einer römischen *Ilias* verdichtet. Dies hat zur Folge, dass in Gestalt von Euryalus' Mutter bereits ganz zu Beginn der archaischen Kampfhandlungen die Stimme der Klage um Kriegstote durch ihre Hinterbliebenen, denen die *Ilias* erst gegen Ende breite Aufmerksamkeit schenkt, als Grundton die *horrida bella* begleitet und deutet.

5.10 Last der Verantwortung: Pallas

In der *Ilias* ließ Achill aus ichbezogenem Groll seine Kameraden im Stich und trieb so die Krise der Achaier auf die Spitze. Aeneas dagegen war während seiner Abwesenheit als fürsorglicher Herrscher erfolgreich um Bündnispartner besorgt und kehrt entsprechend gestärkt auf den Kriegsschauplatz zurück. Das zehnte Buch, das den ersten Tag der Hauptschlacht erzählt, ist durch eine Götterszene zu Beginn als Neueinsatz gestaltet. Tragische Leitfigur ist der im achten Buch exponierte Pallas, den der Erzähler mit der Rolle des Patroklos der *Ilias* überblendet und damit mit einer Schlüsselfunktion für die Gesamtstruktur seines Epos bedenkt. Die Binnengliederung des Buches lässt sich in drei Phasen fassen: Nach Götterdisput und Rückkehr des Aeneas (10,1–286) folgen die Kampfhandlungen um Aeneas und Pallas (10,287–509) und schließlich die Offensive des Aeneas gegen Turnus und Mezentius (10,510–908).

1) Jupiter beruft – zum ersten und einzigen Mal in diesem Epos, das sonst nur Götterdialoge enthält – einen Götterrat auf den Olymp (10,1–117), von wo man die Kriegsereignisse in Latium im Blick hat. Er rügt die Anwesenden, da es gegen sein Verbot zu kriegerischen Auseinandersetzungen zwischen Troja-

nern und Italern gekommen sei. Wenn dereinst Karthago Roms Burg mit Vernichtung bedrohen werde (vgl. Dido in Buch 4), sei Gelegenheit für Hass und Streit. Jetzt sollten die Götter eine friedliche Verbindung zulassen. Venus (10,16–62a) führt daraufhin bei Jupiter in längerer Rede Beschwerde über die bedrohliche Lage, in der sich die Trojaner im Moment allein – ohne Aeneas –, von Turnus innerhalb der Mauern bekämpft und von den Latinern umzingelt befänden. Juno weist die Vorwürfe wütend zurück (10,62b–95). Die Götter reagieren auf Venus' Klage und Junos Gegenrede (*refutatio*) mit Brummeln und Munkeln wie Winde, die sich in Waldbäumen verfangen und rauschen. Jupiter sorgt mit einem Machtwort für Ruhe (10,96–117). Er verkündet, da die Götter heillos uneins seien, seinen zeitweiligen Rückzug aus der Verantwortung: Im Kampf zwischen Rutulern und Trojanern soll ab sofort für einen Tag das Schicksal ohne sein Zutun einen Weg finden. Jupiter selbst werde neutral bleiben.

Mit *interea* (unterdessen) (10,118) blendet die Erzählung auf den Kriegsschauplatz zurück: Die «Legion» der in der Aeneadenfestung verschanzten Trojaner verteidigt sich zwar tapfer, doch Verstärkung wäre dringend vonnöten (10,118–145). In der Nacht trifft Aeneas auf seinem mit Löwen- und Idabildern verzierten Schiff (hierin dem Augustus des Schildbildes von Actium in Buch 8 ähnelnd) ein, nachdem er mit dem guten Etruskerkönig Tarchon (Eponym der Tarquinii) in Caere ein Kriegsbündnis geschlossen hatte. Aeneas sinniert zusammen mit seinem neuen Schützling Pallas, der ihn nach den Sternen und seinen Erlebnissen zu Land und Wasser befragt (10,146–162).

Während Aeneas nachts – anders als Palinurus in Buch 5 – hellwach selbst am Steuer seines Schiffes sitzt, schwimmen seine in Nymphen verwandelten Schiffe (vgl. Buch 9) auf ihn zu. Derart beflügelt, erreichen die Schiffe des Aeneas, der Cybele in einem Gebet um Beistand ersucht, am frühen Morgen ihr Ziel. Der Anblick des Aeneas mit seinem funkelnden Schild (vgl. Buch 8) und seiner Gefolgschaft erweckt bei den Trojanern neuen Kriegsmut (10,215–286).

2) Schon bei der ersten Schlacht an der Küste und damit sei-

nem ersten Kampfeinsatz in Italien nutzt Aeneas die Gelegenheit zur Aristie (10,310–361). An der «Meeresgrenze» Ausoniens tobt der Kampf. An der Festlandsfront (10,362–438) sind die arkadischen Truppen des Pallas durch die Ungunst des Geländes derart verunsichert, dass sie sich zur Flucht wenden. Pallas erinnert sie aber an ihre Pflichten und spricht ihnen Mut zu. Daraufhin stürzt er sich selbst mit verstärktem Eifer mitten ins Kampfgetümmel, wütet unter den Gegnern und tötet einige: Da lassen sich Arkader von seiner Kampfeswut anstecken und kämpfen so heftig wie nie zuvor. Pallas' Kameraden sammeln sich um ihn wie eine von einem Hirten willentlich gelegte Feuersbrunst in Wäldern. Im Gegenzug tötet Halaesus, der Sohn eines Sehers, mehrere Trojaner, bevor er von Pallas' Geschoss tödlich getroffen wird. Nun springt der tapfere Lausus, der Sohn des Mezentius, ein und tötet Abas neben zahlreichen anderen Feinden. Den beiden jugendlichen Helden Lausus und Pallas, die beide Truppen zum Gleichstand führen, verwehrt Jupiter einen Zweikampf, da ihnen beiden bestimmt sei, von der Hand eines großen Helden zu sterben. Damit gibt der Erzähler als *vates* einen intratextuellen Ausblick (10,287–438).

Auf die Ermahnung seiner Schwester, der Nymphe Juturna, fordert Turnus, der einem Löwen gleicht, der sich einem kampflustigen Stier nähert, den Pallas zum Zweikampf. Pallas, der sich trotz deutlicher Unterlegenheit tapfer stellt, bittet Hercules, den Gastfreund seines Vaters, um Beistand (vgl. Buch 8). Hercules im Olymp zeigt sich zu Tränen gerührt, wird aber in einem weiteren Götterdialog von Vater Jupiter mit Blick auf den Präzedenzfall seines Sohnes Sarpedon belehrt, dass Pallas' Schicksalstag ebenso unabänderlich gekommen wie auch derjenige des Turnus nahe sei. Die Kürze der Lebenszeit könne durch Nachruhm des Helden erweitert werden. Pallas' Speer streift Turnus' Riesenkörper lediglich, doch Turnus' Lanze durchbohrt Pallas' Schild und trifft ihn tödlich. Turnus nimmt Pallas (wie Hektor dem Patroklos in der *Ilias*) zwar die Rüstung samt goldenem Wehrgehenk ab, auf dem die Tötung der Vettern/Gatten durch die Danaiden in der Hochzeitsnacht dargestellt ist, gewährt aber seine Bestattung. Unter Wehklagen, in die der Erzähler einstimmt, wird der Tote auf dem Schild zurück ins Lager getragen (10,439–509).

3) Als Aeneas vom Tod des Pallas erfährt, stürzt er sich wie wahnsinnig vor Schmerz und Wut in die Schlacht, um Turnus zu stellen und zu töten (10,510–605). Mitleidlos mäht Aeneas nieder, was sich ihm in den Weg stellt, und richtet ein entsetzliches Blutbad an. Je vier Söhne des Sulmo und Ufens nimmt er gefangen, um sie den «Schatten» der Toten als menschliche Brandopfer darzubringen. Aeneas selbst verfällt damit dem exzessiven Rachedurst des homerischen Achill. Dieser hatte zwölf junge Trojaner gefangengenommen, die er dann am Scheiterhaufen des Patroklos schlachtete (Homer, *Ilias* 21,26–33; 23,175–183). Aeneas, schon dadurch seiner *pietas* verlustig, versagt auch noch den schutzflehenden Gegnern Magus, Tarquitus, dessen abgehauenen Kopf er wegrollt und dem er – härter als Turnus gegenüber Pallas – ein Begräbnis verweigert, und Liger jede Gnade und tötet sie ebenso unbarmherzig wie den Priester Haemonides und viele andere. Dabei gleicht Aeneas dem hundertarmigen und fünfzigköpfigen Giganten Aegaeon, der gegen Jupiters Herrschaft aufbegehrt. Schließlich gelingt es ihm, der wie ein reißender Fluss oder ein Wirbelsturm tobt, den eingeschlossenen Trojanern mit Ascanius den Ausbruch zu ermöglichen (10,510–605). Im Olymp, wo das Götterherrscherpaar das Geschehen kommentiert (10,606–632), ersucht Juno schmeichlerisch Jupiter, den von Göttern abstammenden und opferfreudigen Turnus dem Kampfgeschehen entziehen und ihn so für seinen Vater Daunus retten zu dürfen. Jupiter gesteht nur einen kurzen Aufschub für Turnus' Fall zu und versagt zu Junos tränenreichem Verdruss eine grundsätzliche Wende des Kriegsglücks. Juno begibt sich auf einer Wolke zum Kriegsschauplatz, schafft einen lebensechten Phantom-Aeneas nach Art der Unterweltsgeister, mit dem sie Turnus auf das dort liegende Schiff des Osinius lockt. Turnus glaubt sich von den Göttern bestraft und empfindet seine schändliche «Flucht» als derart unerträglich, dass er sich Tod in den Fluten wünscht und Selbstmord erwägt. Doch Juno verhindert dies (10,633–688).

Anstelle des Turnus ermuntert Jupiter nun Mezentius im

Kampf gegen die Trojaner (10,689–754). Aeneas stellt sich Mezentius, der dem Giganten Orion gleicht, zum Zweikampf: Während Mezentius' Lanze an Aeneas' Schild abprallt und Hercules' Gefährten Antores tödlich trifft, gelingt es Aeneas, seinen Gegner mit der Lanze durch den Schild hindurch zu verletzen. Er will ihm gerade mit dem Schwert den Todesstoß versetzen, als sich Lausus plötzlich dazwischenwirft und damit wahre *pietas* gegenüber seinem Vater beweist. Diese möchte der Erzähler ebenso durch epische Kunde dem kollektiven Gedächtnis anvertrauen wie die Tat von Nisus und Euryalus (10,792–794). Mezentius kann sich in der Deckung durch den Schild seines Sohnes zurückziehen (10,762–809). Aeneas hält das Geschossprasseln aus wie jemand, der vor Hagel bei Platzregen in Deckung geht. Aeneas schilt Lausus zunächst wegen seiner Vermessenheit, gerät dann wegen dessen Tollkühnheit in Wut und ersticht ihn. Erst als er das Gesicht des sterbenden Jünglings ansieht, empfindet er aus Vatergefühlen herrührendes Mitleid: Er lässt ihm seine Rüstung und tröstet ihn: «Du starbst von der Hand des großen Aeneas!» Dann hebt er ihn eigenhändig vom Boden auf (10,810–832).

Trotz seiner Verwundung fordert nun Mezentius nach einer sentimentalen Ansprache an sein treues Pferd Rhaebus den Aeneas todesbereit zur Wiederaufnahme des Zweikampfes. Aeneas' Schild hält dem Wald von Mezentius' Speeren stand; er selbst bringt dessen Pferd mit einem Speerwurf zur Strecke. Vor dem Todesstoß durch Aeneas' Schwert erbittet Mezentius ein Begräbnis für sich und Lausus (10,833–908).

Mitleid und Ratlosigkeit legt die unparteiisch von erhabener Warte das *horrendum spectaculum mundi* betrachtende Götterfraktion an den Tag; diese Haltung scheint eine Leseanleitung für dieses Buch zu bieten – mehr jedenfalls als die vereinzelten «Nachrufe» auf besonders ‹schneidige› junge Gefallene, mit denen die Stimme des Erzählers aufwartet. Die in Buch 9 bereits kondensierte römische *Ilias* wiederholt sich in Buch 10 mit noch skrupelloserem Personal und steigert sich in ihrem Rückfall in archaische Brutalitäten so weit, dass selbst *pius Aeneas* nach dem Tod des Pallas zur Kampfmaschine nach dem Modell des *saevus Achilles* mutiert, den er selbst in den Trojaerinnerungen der ersten Werkhälfte noch als Inbegriff des ‹Kriegsverbrechers› angeprangert hatte. Auf diese Spannung macht der Vers 10,591 aufmerksam. Diese Verrohung äußert sich auch darin, dass – mit Ausnahme des Ascanius – gerade die jugendlichen Hoffnungsträger, auf dem Schlachtfeld niedergemäht, als Motoren der tragisch verspäteten Einsicht ihrer Kommandanten, Väter und Förderer oder – schlimmer noch – als Schubkräfte für ein Weitertreiben der gewaltsamen Vergeltungsspirale benötigt werden.

5.11 Amazonische Gegenkräfte: Camilla

Das dritte Kampfbuch variiert die ersten beiden, indem es in wiederum geraffter Form Handlungselemente des epischen Kyklos neu arrangiert. Als italisches Gegenstück zu den amazonischen Verbündeten, die den Trojanern gegen die Griechen beistanden, bringt der Erzähler die volskische Kämpferin Camilla ins grausame Spiel. Auch die Bestandteile des Buch-Triptychons sind auf Abwechslung angelegt. Auf einen ersten Block der «Trauer um die Gefallenen und des Waffenstillstands» (11,1–202) folgt eine politische Szene des ‹Kriegsrates› in Gestalt des Rededuells bei den unter sich uneinigen Latinern (11,203–467). Der dritte Block umfasst dann die gesamte zweite Buchhälfte und schildert die Kämpfe vor der Stadt des Latinus (11,468–915).

1) Aeneas denkt angesichts der Trauer um seine gefallenen Gefährten sorgenvoll an die Götter. Acoetes, der die Totenwache hält, sowie Frauen und Männer aus Troja mit Aeneas an der Spitze bekunden ihre Trauer um Pallas. Aeneas drückt in einer Rede tränenreich seinen Kummer und seine Schuldgefühle aus, da er beim Abschied (vgl. Buch 8) nicht genügend auf die Warnung Euanders vor der Härte der Gegner gehört habe. Pallas wird auf einer Bahre aus Baumgeflecht und Blättern wie eine von einem Mädchen gepflückte Blume gebettet. Aeneas legt prächtige Gewänder aus Purpur und Gold, die er einst von Didos Hand erhalten hat, als Totenkleid darauf und schickt rei-

che Beute und Trophäen mit. Im Leichenzug gehen auch die gefesselten todgeweihten menschlichen Brandopfer und Pallas' weinendes Pferd Aethon mit (11,1–99).

Bittflehende Unterhändler aus der Stadt der Latiner ersuchen um Waffenstillstand, damit sie ihre Gefallenen bergen können. Aeneas gewährt dies und betont, dass er auch mit den lebenden Latinern Frieden anstrebe. Erstmalig bringt Aeneas hier einen Zweikampf zwischen ihm und Turnus wie in *Ilias* 3 zwischen Menelaos und Paris zur Entscheidung des Krieges ins Spiel. Der ältere Drances, ein langjähriger persönlicher Feind des Turnus, stimmt Aeneas voller Bewunderung für dessen Leistungen zu (11,100–138). Fama trägt die Nachricht vom Tode des Pallas nach Pallanteum. Euander spricht todtraurig an der Bahre seines Sohnes. Gerne wäre er an Pallas' Stelle gefallen, dessen Kriegsheldentum ihn gleichwohl tröstet. Das Einzige, was ihn noch am Leben erhalte, ist die Erwartung der Rache des Aeneas an Turnus, eine Prolepse auf das Ende von Buch 12 (11,100–202).

2) Während der Trauer um die auch von den Latinern verbrannten Kriegstoten verfluchen die Angehörigen der Gefallenen den Krieg und Turnus' Ehepläne. Dieser solle sich einem Zweikampf stellen. Drances unterstützt die Gegner des Turnus, der aber auch Fürsprecher findet. Die Gesandten bringen negativen Bescheid von Diomedes (aus Arpi/Argyripa), den die Latiner um Beistand gebeten hatten (vgl. Buch 8). Latinus beruft daraufhin eine Versammlung ein (11,203–241). Diese einzige Beratungsszene der *Aeneis* in der menschlichen Sphäre adaptiert Szenen aus der *Ilias* wie die achaische Heeresversammlung im zweiten Gesang. Latinus gesteht in seiner Rede die ausweglose Kriegslage ein und rät zur Verhandlungslösung (11,301–335). Der wohlhabende und redegewaltige Kriegsgegner Drances weist die Kriegsschuld allein Turnus zu, der nur aus egoistischen Interessen handle (11,336–375). Turnus sucht Drances zu widerlegen. Wenn die Latiner es forderten, werde er sich auch im Zweikampf Aeneas stellen (11,376–444). Während die Latiner noch beraten, startet Aeneas einen Überraschungsangriff, der zu Kriegswut und Chaos in der Stadt führt. Dadurch wird der Zweikampf ein weiteres Mal aufgeschoben.

3) Traurig und verwirrt verlässt Latinus die Versammlung und macht sich Vorwürfe, dass er nicht schon längst mit Aeneas Frieden geschlossen hat. Die ganze latinische Bevölkerung hilft bei der Sicherung der Stadt. Amata, Lavinia, «Grund für Unheil dieses Ausmaßes» (11,480), und andere Frauen unternehmen nach dem Vorbild von Hekabe und den Troerinnen (*Ilias* 6,269–312) einen Bittgang zum Tempel der Minerva, zu der sie um Aeneas' Vernichtung beten. Turnus rüstet sich zum Kampf. Camilla, die Anführerin der volskischen Reiterschar, die der Erzähler als «junge Frau zum Schaudern» (*virgo horrenda*, 11,507) vorstellt, schlägt Turnus vor, der trojanischen Reiterei in vorderster Front entgegenzutreten. Turnus willigt ein und schickt zu ihrer Verstärkung Messapus und Tiburtus mit. Er selbst will Aeneas im gebirgigen Umland in einem Hinterhalt auflauern (11,468–531).

Diana erzählt im Olymp als göttliche Prophetin das einem traurigen Ende zueilende Schicksal Camillas, um die flinke Nymphe Opis anzuspornen: Als Camillas Vater Metabus wegen seiner Härte vom Königtum in Privernum verjagt wurde, nahm er die kleine Tochter in die Verbannung mit. Während der Flucht von Kriegern verfolgt und am angeschwollenen Fluss Amasenus in die Enge getrieben, band er das Kleinkind an seinem Speer fest und schleuderte es ans andere Ufer, während er es dem Schutz Dianas anvertraute. So gerettet, wuchs Camilla, genährt von Stutenmilch, in der Wildnis auf, wo sie ihr Vater früh im Umgang mit Waffen unterwies. Da sie Diana treu ergeben ist und auf Jungfräulichkeit besteht, weist ihre Schutzgöttin die Opis an, jeden zur Strafe zu töten, der Camilla verletzen sollte. Sie selbst werde für Camillas Bestattung samt heiler Rüstung Sorge tragen (11,532–596).

Vor der Stadt herrscht ein «Schneegestöber» von herabprasselnden Speeren. Das Kriegsglück wogt hin und her wie die Gezeiten des wogenden Meeres bei Flut und Ebbe. Mitten im Kampf jubelt Camilla, die mit ihrer italischen Schar von Kriegerinnen den thrakischen Amazonen um Hippolyte oder Penthesilea gleicht und damit die Tempelbilder von Buch 1 in Erinnerung ruft. Treffsicher streckt sie mit jedem Pfeil einen Trojaner nieder und richtet auch mit Speer und Beil Blutbäder an. Den Sohn des Ligurers Aunus, der sie zu überlisten versucht, bestraft sie als Läuferin wie ein Habicht, der eine Taube packt und mit den Krallen zerfleischt. Von Jupiter persönlich aufgestachelt, erneuert der Tyrrhener Tarchon durch eine (teils höhnische) Anfeuerungsrede und die waghalsige Tötung des Venulus, den er vom Pferd reißt und dann vernichtet wie ein Adler eine verletzte, zähen Widerstand leistende Schlange in der Luft, die Kampfmoral der Trojaner. Camilla ist unterdessen abgelenkt, da sie wie besessen aus ähnlicher Beutegier, die Nisus und Euryalus in den Tod trieb, dem mit Gold- und Purpurpracht herausgeputzten Cybelepriester Chloreus nachjagt. Arruns, der sie schon zuvor ausgespäht hatte, nutzt die Chance und trifft sie nach einem Gebet an den Apoll vom Berg Soracte mit einem Speerwurf tödlich unter der offenen Brust. Danach flieht er wie ein Wolf, der nach der Tötung eines Hirten oder Stieres den Schwanz einzieht und sich in Bergwäldern verbirgt. Nach letzten Worten an ihre Vertraute Acca, die Turnus zur Verstärkung herbeiholen soll, stirbt Camilla, deren Ende bis zu den Sternen emporgellende Schreie auslöst (11,597–835).

Opis beklagt Camillas Tod, die nicht gegen die Trojaner hätte kämpfen sollen, deren Ende aber ruhmreich bleibe und göttliche Strafe auf den Plan rufe. Vom Grabhügel des Königs Dercennius aus erlegt sie mit einem Pfeilschuss Arruns, den seine Kameraden dort vergessen und unbestattet zurücklassen. Camillas Tod führt zur Auflösung der latinischen Truppen, die von den Trojanern zur Stadt zurückgejagt werden, wo vor den bald auch den eigenen Leuten verschlossenen Toren Chaos ausbricht. Latinische Frauen imitieren die «Amazonen» und setzen im Kampf für ihre Stadt ihr Leben aufs Spiel. Durch Acca von der Notlage nach dem Tod Camillas informiert, gibt Turnus seinen Hinterhalt auf und kehrt wutschnaubend in die Ebene zurück. Aeneas dringt derweil kriegslüstern bis zur Stadt vor. Als Turnus und Aeneas einander vor der Stadt begegnen, kommt es beinahe zum Zweikampf, den nur die einbrechende Dunkelheit verhindert (11,836–915).

Camilla ist nicht nur als Figur der Retardation und Variation komponiert, deren Aristie der epischen Rühmung würdig ist (11,847 *famam*). Sie wirkt als Figur der Krisis, da ihre Erfolge das unentschiedene Kriegsglück beinahe zugunsten der Italer entschieden hätten, ihr Tod aber zu Auflösungserscheinungen und ungeordneter Flucht unter den Männern führt, während die latinischen Frauen nun «echte Vaterlandsliebe» unter Beweis stellen.

5.12 Endkampf: Turnus

Turnus als erstes Wort des letzten Buches gibt den menschlichen Hauptgegner des Aeneas als Leitfigur vor. Der dritte Tag der Hauptschlacht bringt nun die Entscheidung. Strukturell ähnelt dieses Buch dem vorigen. Nach einem Block mit Vorbereitungen (12,1–265) folgt zunächst ein allgemeiner Kampf (12,266–649). Als Finale sind das lange aufgesparte Duell und die Unerbittlichkeit des siegreichen Aeneas am rechten Platz (12,650–952).

1) Turnus erkennt angesichts der Gebrochenheit der Latiner, dass er persönlich gefordert ist. Er gleicht in seiner wilden Kampflust einem punischen (vgl. Buch 4) Löwen, der, von Jägern verwundet, gleichwohl furchtlos aus blutigem Rachen brüllt. Turnus erklärt vor Latinus seine Bereitschaft zum Zweikampf gegen die «feigen Aeneaden». Latinus antwortet gelassen. Er will Turnus angesichts des hohen Blutzolls in zwei Niederlagen und des Schicksalsgebotes eines auswärtigen Schwiegersohnes dazu überreden, auf einen Zweikampf zu verzichten und sein Leben aus Rücksicht auf seinen Vater Daunus zu schonen. Dies hatte Juno vergeblich bei Jupiter zu erwirken versucht. Turnus entbrennt daraufhin noch stärker und strebt nach Ruhm unter Einsatz des eigenen Lebens. Auch das Weinen und Flehen Amatas, die wie Dido in Buch 4 todgeweiht ist (12,54–55) und ihr Schicksal mit demjenigen des Turnus verknüpft, bringt ihn nicht von seinem Plan ab. Lavinia weint ebenfalls und errötet wortlos. Von ihrer Schönheit verwirrt, entbrennt Turnus noch mehr und schickt den Boten Idmon zum «Phrygertyrannen» Aeneas mit der Aufforderung zum Zweikampf (12,1–80).

Turnus legt seine edlen, teils göttlichen Waffen an. Zuletzt greift er zum Speer, den er um Hilfe beim Erlegen des als «lockiges Mannweib aus Phrygien» und damit neuen Paris geschmähten Aeneas bittet. Aus Augen und Antlitz sprühen Funken, sein Brüllen gleicht einem Stier, der sich vor dem Kampf durch Anrennen gegen Bäume, Luft und Sandaufwirbeln in Rage versetzt. Aeneas ist kampflustig in den Waffen seiner Mutter (vgl. Buch 8) und tröstet Sohn und Kameraden, die um ihn fürchten. Er lässt Latinus seine Zustimmung zum Abkommen und die Friedensbedingungen übermitteln. Die Kämpfer rücken wie zum Krieg an, Mütter und Greise schauen von Türmen, Dächern und Toren aus zu (12,81–133).

Juno ermuntert Juturna, Turnus' göttliche Schwester, die Jupiter, nachdem er sie entjungfert hatte, zur Belohnung zur Flussnymphe gemacht hatte, ihren Bruder rasch vor dem nahen Tod zu retten, indem sie den Bruch der Vereinbarungen herbeiführe. Juturna weint und bleibt verwirrt zurück (12,134–160).

Nachdem die Könige beider Seiten in voller Pracht aufmarschiert sind und Opfer dargebracht haben, beschwört Aeneas, dass er sich im Fall einer Niederlage zu Euander zurückziehen werde. Auch im Fall seines Sieges werde er die Herrschaft seinem Schwiegervater Latinus überlassen und lediglich Opfer und Götter zur Verfügung stellen (vgl. 12,192 mit *georg.* 4,562, *Aen.* 1,293 und 1,507). Für seine Leute werde er die neue Stadt Lavinium gründen, mit der das Volk des Latinus in unerschütterlichem Friedensbund leben werde. Latinus bekräftigt die Unveränderlichkeit der Vereinbarung und untermauert sie mit dem Szepter, das nie mehr als Baum grünen werde (12,161–215).

Juturna nutzt das wachsende Murren im Volk aus: Sie nimmt die Gestalt des angesehenen Kriegers Camers an und hetzt die Rutuler auf, indem sie ihnen einerseits ihre jetzige Überzahl und andererseits ihr Unglück als Besiegte vor Augen stellt. Der rutulische Seher Tolumnius deutet eine Szene am Himmel, bei der ein Adler, der sich gierig einen Schwan krallt, von einer neuen Mut gewinnenden Schar zunächst fliehender Küstenvögel bedrängt und zum Fallenlassen der Beute genötigt wird, als göttliches Zeichen, wieder die Waffen gegen Aeneas zu erheben (12,216–265).

2) Als Tolumnius mit der Lanze einen der neun Söhne des auf der Seite des Aeneas kämpfenden Arkaders Gylippus tötet und damit den Vertrag bricht, nehmen dessen Brüder den Kampf wieder auf. Sakralgegenstände müssen durch den Geschosshagel weggeschafft werden. Latinus flieht und trägt die durch den Vertragsbruch getroffenen und verscheuchten Götter mit sich fort wie Aeneas einst die Penaten aus dem brennenden Troja. Messapus «opfert» den Etrusker Aulestes gewissermaßen am Altar (vgl. Buch 2). Der unbewaffnete Aeneas versucht seine Leute zur Einhaltung des Vertrages zu mahnen. Nur er dürfe kämpfen. Doch noch während er redet, fügt ihm ein Pfeil unbekannter Herkunft eine Wunde zu. Turnus schöpft Hoffnung und stürzt sich in den Kampf wie der blutige Mars, der am thrakischen Fluss Hebrus mit seinem sturmschnell tosenden Gespann ein grauenvolles Blutbad anrichtet (12,266–382).

Aeneas wird gestützt und ins Lager gebracht. Dort versucht der einst von Apoll heftig geliebte Arzt Iapyx zunächst vergeblich, die abgebrochene Pfeilspitze aus der Wunde zu entfernen. Die Lage wird bedrohlich, als Kampfgetöse, Staub und Pferde immer näherkommen. Venus greift (wie schon in Buch 1) heimlich ein und versetzt, in dunkler Wolke verhüllt, Iapyx' Wundbehandlungswasser u.a. mit dem Heilkraut *dictamnus* vom kretischen Idagebirge. Dies reaktiviert die Wunderpflanze *mōly*, mit der im zehnten Buch der *Odyssee* (10,275–306) Hermes den Odysseus gegen Kirkes Zauber immunisiert. Nun hören Schmerzen und Blutung bei Aeneas unverzüglich auf, der Pfeil lässt sich aus der Wunde herausziehen, die früheren Kräfte kehren sogleich zurück. Iapyx erkennt das göttliche Wirken und ruft zur unmittelbaren Fortsetzung des Kampfes auf. Aeneas rüstet sich neuerlich und nimmt (wie Hektor in *Ilias* 6 von Astyanax) Abschied von seinem Sohn Julus, der sich seinen Vater und Onkel Hector zu Vorbildern nehmen solle (12,383–440).

Aeneas und seine Gefährten rücken erneut orkanartig aus (12,441–649). Während die Kameraden zahlreiche Gegner töten, darunter auch den Seher Tolumnius, hält Aeneas nur nach Turnus Ausschau. Da wirft Messapus eine Lanze, die ihn am Helm trifft. Wutentbrannt verflucht Aeneas nun den Vertragsbruch der Gegner und rast wieder wahllos unter den Feinden (12,441–499). Venus bringt Aeneas auf die Idee, die bisher vom Kampf verschonte Stadt anzugreifen. Von einem Hügel aus spricht Aeneas in einer Feldherrenrede zu seinen Leuten und verkündet, er werde die Stadt, Ursache des Krieges, dem Erdboden gleichmachen, wenn sie sich nicht sofort ergebe. Er beginnt sogleich mit der Belagerung und beschuldigt Latinus, am zweifachen Vertragsbruch schuld zu sein. Vom belagerten und eroberten Kriegsopfer von Buch 2 wird er nun zum Haupttäter einer Belagerung. Die Aufregung in der in sich uneinigen Stadt gleicht derjenigen in einem ausgeräucherten Bienenstock. Königin Amata, wie Dido eine *regina infelix*, erhängt sich, da sie angesichts der Auflösungserscheinungen glaubt, Turnus sei gefallen. Die gesamte Stadt mitsamt Lavinia und Latinus verfällt in tiefste Trauer und Verzagtheit und erinnert an Priamus und die Seinen, von denen Aeneas in Buch 2 so anrührend erzählte (12,554–613). Als der kriegsmüde werdende Turnus das Trauergeschrei aus der Stadt vernimmt, hält er seinen Wagen an. Einerseits ist er ratlos, andererseits will er sich jedoch der Gefahr stellen und weiht sich den Totengöttern (12,614–649).

3) Die Meldung des verwundeten Reiters Saces über die existentielle Bedrohung der Stadt und Amatas Selbstmord lösen bei Turnus Schweigen und ein wildes, ihn verfinsterndes Durcheinander der Gefühle Scham, Trauer, Liebe und Wut aus. Als er einen vom ihm selbst gebauten Wehrturm in Flammen sieht, erkennt er, dass die Schicksalsstunde des Zweikampfes gekommen ist. Turnus springt vom Wagen und stürmt durch die feindlichen Reihen wie ein Felsblock, der sich durch Naturgewalt vom Berg gelöst hat und zerstörerisch in die Tiefe rollt. Er fordert Aeneas heraus. Aeneas lässt alles liegen und stehen. Seine Waffen klirren wie das Tosen der Riesenwälder auf dem Athos, Eryx oder Apennin. Die beiden Kämpfer gleichen zwei Stieren im Sila- oder Taburnusgebirge, die blutig um die Leitbullenposition ringen, und rennen gegeneinander an. Jupiter hält – wie beim Endkampf zwischen Achill und Hektor in *Ilias* 22 – die Schicksalswaage. Als plötzlich Turnus' Schwert – er hatte in der Hast das Schwert des Metiscus ergriffen – an Aeneas' Vulcanschild

zerbricht wie fauliges Eis, flieht Turnus vor Aeneas. Aeneas setzt ihm so eilig und hartnäckig nach, wie es seine Beinverletzung erlaubt. Er gleicht einem umbrischen Jagdhund, der einen Hirsch am Fluss in die Enge treibt und beinahe zu schnappen bekommt. Faunus hält an seinem Votivölbaum, den die Trojaner gefällt hatten, auf Turnus' Bitten hin Aeneas' Speer fest, sodass Juturna/Metiscus Turnus sein eigenes Schwert übergeben kann. Darüber erbost, greift auch Venus ein und zieht den Speer ihres Sohnes aus dem Baumstamm. Beide Helden stehen sich nun wieder bewaffnet gegenüber (12,650–790).

Die Krise löst die letzte und definitive Götterszene des Epos aus: Jupiter spricht Juno an, die aus finsterer Wolke das Geschehen beobachtet. Er gebietet Junos Zorn gegen die Aeneaden ein für allemal Einhalt und wirft ihr den neuesten Vertragsbruch sowie ihre früheren Feindseligkeiten gegen Aeneas vor, der doch für den Himmel bestimmt ist. Jedes weitere Eingreifen verbietet Jupiter. Juno sichert widerwillig zu, Turnus und die Schlacht nun zu verlassen, stellt jedoch ihre zukunftsweisenden Bedingungen: Latium und die Latiner sollen Namen, Sprache und Sitten behalten und keine Trojaner werden. Jupiter gesteht dies alles zu und prophezeit ein letztes Mal die künftige Größe des Mischgeschlechtes, das alle an *pietas* auch Juno gegenüber ausstechen werde. Endlich ist Juno versöhnt (12,791–842).

Aeneas fordert Turnus trotzig-höhnisch zum Entscheidungskampf heraus. Turnus erwidert, nicht er erschrecke ihn, sondern die Feindseligkeit Jupiters. Ein letztes Mal rafft er sich auf und wirft mit übermenschlicher Kraft einen riesigen Grenzsteinblock, den kaum zwölf Männer heutiger Zeit stemmen könnten, auf Aeneas. Dieser erreicht jedoch sein Ziel nicht ganz. Turnus' Erschlaffung gleicht einem Alptraum, in dem die angespannten Kräfte für Lauf oder Rede plötzlich versagen. Während Turnus verstört nach seinem entschwundenen Wagen Ausschau hält, streckt ihn Aeneas mit dem Speer zu Boden. Der Überwundene wendet sich bittflehend an Aeneas: Er verlange keine Schonung, Aeneas möge sich aber seines Vaters Daunus erbarmen und wenigstens seinen Leichnam zur Bestattung herausgeben. Er gesteht seine Niederlage ein und überlässt Lavinia dem Sieger. Aeneas solle seinen Hass nicht weitertreiben. Aeneas, zunächst noch zürnend, lässt sich schon fast umstimmen. Doch plötzlich erblickt er den Schwertgurt des Pallas, den Turnus getötet hat. Der Feind trägt den Schmuck als Prunkbeute um die Schulter. Voll wahnwitziger, achilleischer Wut tötet er Turnus als Opfer für Pallas. Turnus' Leben entflieht voll entrüsteter Klage zu den Totenschatten (12,843–952).

Das Schlussbuch der *Aeneis* hat Turnus durch die perspektivenreiche Ausleuchtung der starken emotionalen Anteilnahme, die seine Person und sein Schicksal bei göttlichen und menschlichen Frauen auslösen, vom verwegenen Gewalttäter zu einer emotional eingebetteten Figur werden lassen. Sein tragisches Lernen inmitten der Kämpfe wird evident, wenn man seinen Weg ernst nimmt, den er vom hasserfüllten Feind, erbarmungslosen und sich selbst dem Tod verschreibenden Kämpfer (12,645–649) zum Schutzflehenden zurückgelegt hat, der ein Versöhnungsangebot unterbreitet, das ganz im Geist der letzten olympischen Szene gehalten ist. Umso schwerer wiegt die gegenläufige Entwicklung bei Aeneas, der seinen Rückfall in den archaischen Ehrenkodex und tragische Vergeltungsspiralen nicht zu überwinden vermag. Bis zum Schluss hat er die vom toten Vater in hehre Formeln gefasste Kunst der Schonung von Unterworfenen, die er als Irrfahrer vorlebte, nicht wieder zu lernen vermocht. Der Rest bei Vergil ist Schweigen.

6. *Imperium sine fine?* Vergil heute

Leben wir bereits seit 1945 in einem nachvergilischen Zeitalter, wie der Rezeptionsforscher Ziolkowski meinte? Immerhin ist eine stetige und in mediale Vielfalt aufgefächerte Weiterarbeit am Autor und seinem Hauptwerk zu beobachten: Archaischer Bildgebung, Werktreue mit lateinischen Zitaten und eindringlichen Psychogrammen der Figuren verpflichtet war der vierteilige Fernsehfilm *Die Äneis* von Franco Rossi (1919–2000) von 1971. Dieser setzt sich von zwei Sandalenfilmversionen der 1960er Jahre ab. Thomas Kling (1957–2005), der viel zu früh verstorbene deutsche *poeta doctus*, blickt in seinen postum (2006) erschienenen *Gesammelten Gedichten* auf die *Aeneis*, ihren Dichter und ihr Personal (etwa die Sibylle) zurück. Die Gedichte sind als «Ferngespräche» mit dem Kollegen aus der augusteischen Zeit zum Zyklus «Vergil. Aeneis – Triggerpunkte» zusammengefasst. Im vierten Band ihrer Romanserie *Mythica* mit dem Titel *Göttin des Frühlings* (2013; 2004) hat die amerikanische Erfolgsautorin Phyllis Christine Cast (* 1960) Unterweltsszenarien Vergils und Ovids kontaminiert. Mit dieser Mythenkorrektur und Gegengeschichte zur *Aeneis* im Zeichen der Beziehungstherapie, nach deren Denkmustern die Personen von *Mythica* über Didos Liebesverfallenheit disputieren, hat Cast die glücklose Königin Vergils für die Jugendliteratur der Gegenwart gewonnen. Im Bilderbuch wird ein noch jüngerer Adressatenkreis auf «spielerische», aber gediegene Weise mit einer Kurzfassung der *Aeneis* vertraut gemacht (*L'Eneide. Virgilio per gioco*, Text: Emiliano Della Sale; Illustrationen: Elisa Puccioni, 2016). Der italienische Schriftsteller Simone Sarasso (* 1978), Autor mehrerer historischer Romane, hat 2015 mit *Æneas. La nascita di un eroe* (*Aeneas. Die Geburt eines Heros*) eine umfassende Adaption des Epos ganz aus der Perspektive seines aus dem kriegszerstörten Troja aufbrechenden Helden vorgelegt. Dass das Verlassen ausgetretener Pfade auch die Lektüren des Originals neu zu beleben vermag, war ein Anliegen dieses methodisch verjüngten Gesamtporträts der *Aeneis* im Werkkontext ihres Autors. Für Vergil und sein Werk gelten durchaus die Worte, auf die Deiphobus' Seelenphantom den Unterweltsreisenden Aeneas einschwört: «Allemal ist Erinnerung nötig (*nimium meminisse necesse est*).» (6,514).

Literaturhinweise

Eine ausführliche Bibliographie findet sich in der Internetpräsenz des Verlages unter: www.chbeck.de/Aeneis

Kritische Ausgabe

P. Vergilius Maro, Aeneis, ed. Gian Biagio Conte, Berlin/New York 2009.

Ausgabe mit deutscher Übersetzung

Vergil, Aeneis. Lateinisch–Deutsch, mit Maria Götte hrsg. und übs. von Johannes Götte, München ^{4}1999.

Einführungsliteratur

Werner Suerbaum, Vergils Aeneis. Epos zwischen Geschichte und Gegenwart, Stuttgart 1999.

Gesamtkommentar zur *Aeneis*

Gerhard Binder, P. Vergilius Maro Aeneis. Ein Kommentar, Bd. 1: Einleitung, Zentrale Themen, Literatur; Bd. 2: Kommentar zu Aeneis 1–6; Bd. 3: Kommentar zu Aeneis 7–12, Trier 2019.

Forschungsliteratur

Richard Heinze, Virgils epische Technik, Leipzig 1903.

Markus Janka, Horazens sogenannte Romulus-Ode (C. 3, 3) als *revocatio amici*? Vergil und die *lyra iocosa* des Musenpriesters Horaz, in: Philologus 144, 2000, 277–302.

Markus Janka, *tantae molis erat Romanam condere gentem* (Vergil, *Aeneis* 1,33): Didaktische Überlegungen zur politischen Lektüre von Vergils *Aeneis* in der Oberstufe des Gymnasiums, in: Kussl, Rolf (Hg.): Antike im Dialog (Dialog Schule Wissenschaft – Klassische Sprachen und Literaturen 45), Speyer 2011, S. 198–237.

Markus Janka, Dreiecksbeziehungen zwischen Texten: Vergils komplexe *Odyssee*-rezeption als Scharnier zwischen Homer und Ovid, in: Baumbach, Manuel/Polleichtner, Wolfgang (Hgg.): Innovation aus Tradition. Literaturwissenschaftliche Perspektiven der Vergilforschung, Trier 2013 (= BAC 93), 59–95.

Karl Reinhardt, Die Abenteuer der Odyssee (Leipziger Antrittsvorlesung 1942, erweitert), in: Ders., Tradition und Geist. Gesammelte Essays zur Dichtung, hg. von Carl Becker, Göttingen 1960, 47–124.

Ernst A. Schmidt, Vergils Aeneis als augusteische Dichtung, in: Rüpke, Jörg (Hg.): Von Göttern und Menschen erzählen. Formkonstanzen und Funktionswandel vormoderner Epik, Stuttgart 2001, 65–92.

Antonie Wlosok, Vergils Didotragödie. Ein Beitrag zum Problem des Tragischen in der Aeneis, in: Görgemanns, Herwig/Schmidt, Ernst A. (Hgg.): Studien zum antiken Epos, Meisenheim am Glan 1976, 228–250.

Theodore Ziolkowski, Virgil and the Moderns, Princeton, N. J. 1993.